Familien Chronik

Wer waren unsere Vorfahren? Alte Fotos dokumentieren Ereignisse in der Familie – wie dieses Foto einer Doppelhochzeit.

Anke Fischer

Familien Chronik

DEN AHNEN AUF DER SPUR

EDITION XXL

INHALT

EINLEITUNG	11
1. WOHER IHRE FAMILIE KOMMT – UND ANDERE GRÜNDE FÜR DIE FAMILIENFORSCHUNG	13
Auf der Suche nach den Wurzeln	13
Was Familienforschung erzählen kann	13
Die Weltgeschichte hinterlässt Spuren	14
Was sagt der Name aus? – Im Wandel der Mode	15
Müller, Schulze, Lehmann – wer waren die?	16
Ist die Herkunft wichtig? – Adelige, Handwerker oder Bauerndynastie	20
Genealogie gestern und heute	22
Was ist Genealogie?	22
Abriss durch die genealogische Geschichte	24
Die erste genealogische Arbeit	26
Genealogie als Mordinstrument	26
Moderne Genealogie	26
2. ANLEITUNG ZUR AHNENFORSCHUNG – DER EIGENEN HERKUNFT AUF DER SPUR	29
Schritt für Schritt: Wie fange ich an?	29
1. Schritt: Die Datensammlung	30
2. Schritt: Personenstammblätter anlegen	30
3. Schritt: So wird nummeriert!	35
4. Schritt: Die Generationsübersicht	35
5. Schritt: Ordner und Akten anlegen	36
Kleine Software-Auswahl	36
Wo schaue ich zuerst nach?	37
1. Familienstammbücher und Geburtsurkunden	37
2. Anekdoten – Familienfeiern richtig nutzen	39
3. Omas, Onkels und Fotoalben	39

3. INFORMATIONSQUELLEN NUTZEN – OFFIZIELL UND PRIVAT   41

Die Recherche beginnt   41

Offizielle Quellen   42
    1. Standesämter   44
    Was steht in den Urkunden?   44
    Französischer Einfluss   48
    Die französische Revolutionsrechnung   50
    Das richtige Standesamt finden   52
    Anschreiben an das zuständige Standesamt 53
    2. Kirchenbücher   54
    Die ältesten Quellen   54
    Was steht im Kirchenbuch?   58
    Welches Pfarramt ist zuständig?   58
    Anschreiben an das Pfarramt   64
    Antwort vom Pfarramt   65
    Sie recherchieren selbst im Kirchenbuch 65
    Latein und Deutsch   66
    Kleine Auswahl von Glaubensgemeinschaften 68
    Das Kirchenarchiv   70
    Anschreiben an das Kirchenarchiv   71
    3. Andere Verzeichnisse   72
    Adressbücher und Melderegister   72
    Bürgerbücher   73
    Universitätsmatrikel   74
    Dorf- und Ortssippenbücher/Ortsfamilienbücher 75
    Graduierungen und Amnestien   75
    Sammlungen von Leichenpredigten   75
    Heimatsorts-Karteien   75
    Grundbuch   75
    4. Lokalzeitungen und Chroniken   76
    Lokalzeitungen   76
    Chroniken und Bücher   76
    Private Quellen   80
    Das Familienalbum – eine Fundgrube entdecken 80
    Familiensitz vorhanden?   81
    Friedhöfe   81
    Gemälde – Erbstücke mit genealogischem Wert 83
    Andere Erbstücke   83
Ein toter Punkt ist erreicht   84
Archive, Vereine und Institutionen   86
    Welche Archive gibt es?   86
    Die wichtigsten Archiv-Adressen in Deutschland 87
    Die wichtigsten Vereine und Organisationen 90

4. AHNEN- ODER **S**TAMMTAFEL – DIE **F**AMILIENCHRONIK ENTSTEHT   **95**

    Material sichten und ordnen   95
    So wird abgekürzt   96
    Die Stammlinie   99
    Die Familienlinie oder Ahnenliste   100
    Die Ahnenliste nach Stämmen   104
    Die Ahnentafel   105
    Die Ahnentafel analysieren   110
    Die Stamm- oder Nachfahrentafel   112
    Die Stammliste   113
    Stammliste Fischer   114
    Die Mutterlinie – der Mutterstamm   115
    Der Aufbau Ihrer Chronik   118
    Kleiner geschichtlicher Abriss   119

5. HERALDIK – **W**EGE ZUM EIGENEN **F**AMILIENWAPPEN   **125**

Etwas zur Geschichte   125
Rittertum und Ritterorden   126
Die moderne Heraldik entsteht   127

Heraldik und Wappenkunst – Woraus besteht ein Wappen?   130
    Das Wappen   130
    Kleines Lexikon der Heraldik   131
    Der Schild   134
    Das Bild – „Was einer im Schilde führt …"   134
    Die Helmformen   137
    Helmzier und Helmdecke   137
    Die Farben   138
Ein neues Wappen stiften   140
    Farbregeln   140
    Regeln für das Bild   141
    Ein Wort zum Wappenrecht   142
Heraldische Vereine   142

LEXIKON LATEINISCHER **B**EGRIFFE   **143**
    Berufsbezeichnungen   143
    Kirchenbuchlatein   145

REGISTER   **147**

EINLEITUNG

Manchmal taucht die Frage nach der Vergangenheit zum ersten Mal auf, wenn man ein Fotoalbum der Großeltern anschaut und dort auf viele Gesichter trifft, die einem fremd – oder zögernd – doch vertraut vorkommen. Wer waren diese Hochzeitspaare, Taufkinder, Konfirmanden? Stammen sie alle von den gleichen Vorfahren ab? Woher kommen die Menschen und Namen, die mit uns verwandt sind? Wo befinden sich letztendlich unsere Wurzeln?

Um diese Wurzeln herauszufinden, müssen Sie sich auf das Feld der Familienforschung begeben. Nur Mut! Hier wartet nicht nur Arbeit, sondern auch Freude auf Sie.

Dieses Buch soll Ihnen helfen, Ihrer Familie näher zu kommen. Es gibt Ihnen das erste Werkzeug in die Hand, um Daten und Unterlagen zu erhalten und richtig zu ordnen. Es führt Sie vom ersten Schritt, der darin besteht, vorhandene Urkunden zu sortieren, bis zum letzten Schritt, dem Anlegen einer gut gefüllten Familienchronik. Doch bis der Stammbaum steht, wird einige Zeit vergehen. Um an die Geburtsdaten und Aufenthaltsorte Ihrer Vorfahren zu gelangen, müssen Sie Ämter und Archive anschreiben, viele Stunden im Internet oder in verschiedenen Bibliotheken zubringen. Musterbögen und Ordnungssysteme sind unerlässlich, um die Übersichtlichkeit über die Flut von Daten zu gewährleisten und zu kontrollieren. Auch gibt es in der Familienforschung, wie in allen anderen Wissenschaftszweigen, eine eigene Sprache aus Symbolen und Kennziffern, die im ersten Augenblick verwirren können. Dazu gehören eine Reihe von Ahnen- und Stammlinien, die alle gleich aufgebaut werden. Sie sind die Vorlage für die erfolgreiche Familienforschung.

Die Erfahrungen aus jahrelangen Recherchen liegen in diesem Buch als Musteranschreiben an Standesämter, Pfarrbüros und Archive bereit, ebenso Hinweise zu effizienter Suche, Tipps zum Forschen und nicht zuletzt die wichtigsten Adressen von Vereinen und Archiven, die Ihnen weiterhelfen können.

Zur Illustration dienten persönliche Dokumente, Ahnenlisten und Stiche aus den vergangenen Jahrhunderten.

Das letzte Kapitel widmet sich der Heraldik, der Wappenkunde, die eng mit der Familienforschung verbunden ist. Vielleicht besitzen Sie ein eigenes Wappen – oder bekommen Lust, für Ihre Familie eins anhand der Schablonen zu entwerfen.

Eines ist auf jeden Fall sicher: Während Sie tiefer in die Historie Ihrer Familie einsteigen, begeben Sie sich auch auf eine Reise in die Vergangenheit und damit in die kleine und große Geschichte der verschiedenen Länder und Regionen, die Ihre Gegenwart und Ihr Leben bestimmen.

Viel Erfolg!

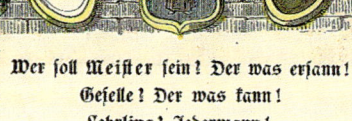

Münchner Bilderbogen aus dem Jahre 1854: Stationen, die der Handwerksbursche vom Lehrling zum Gesellen durchläuft.

1. Woher Ihre Familie kommt – und andere Gründe für die Familienforschung

Auf der Suche nach den Wurzeln
Was Familienforschung erzählen kann

Jeder Mensch fragt sich irgendwann im Laufe seines Lebens, wer seine Vorfahren waren. Wie sahen diese Menschen aus, welche Berufe, Haarfarbe oder Charakterzüge besaßen sie? Ähneln die Nachfahren ihren Ahnen? Teilen sie die gleichen Einstellungen und Ideale? Wenn Sie sich mit diesen Fragen beschäftigen, möchten Sie vielleicht tiefer in die Familienforschung einsteigen. Sie wollen genau wissen, woher Sie stammen und wer Ihre Vorfahren waren!

Doch was auf sie zukommt, wenn sie sich auf die Zeitreise in die Vergangenheit begeben, ahnen die wenigsten. Vor allem sehr viel Zeit kosten die mühsam akribische Recherche und die Datensammlungen, die zahllosen Anschreiben und Bibliotheksbesuche, ehe eine Ahnenreihe auf dem Papier entsteht. Doch schon bei den ersten Untersuchungen zeigt sich, was die Familienforschung an Bereicherndem mit sich bringt: ein engeres und verständnisvolleres Verhältnis zur Familie und vielleicht auch die Teilnahme für deren Verwicklungen, Chancen oder Schicksale.

Die Weltgeschichte hinterlässt Spuren

Jedes einzelne Schicksal, jede familiäre Geschichte ging niemals isoliert vonstatten. Immer war sie ein Spiegelbild der regionalen Verhältnisse und großen historischen Situationen, die sich direkt auf die kleine Welt, also die der Familie, auswirkten. Egal ob Wirtschaftsrezession, Inflation, Kriege oder Naturkatastrophen – alles, was in der Welt passierte, hinterließ seine Spuren in der Geschichte der Familie.

Allein im 20. Jahrhundert, in einem Zeitrahmen, den jeder in etwa nachvollziehen kann, fanden zwei verheerende Weltkriege statt, die nicht nur Tote und Massenermordungen, sondern auch Massenflucht, verlorene Güter und Häuser sowie Umsiedelungen mit sich brachten. Not und Elend zwangen viele Menschen in einem völlig anderen Beruf zu arbeiten, die Stadt zu wechseln oder zu heiraten.

Aber auch die Situationen in den Familien konnten große Umwälzungen auslösen. Unzufriedene Bauern formierten sich zu den Bauernaufständen im 16. Jahrhundert. Neue Ideen, die im Volk keimten, lösten Revolutionen aus. Entsetzliche Zustände brachten Arbeiter auf die Barrikaden oder beeinflussten Literatur und Kultur. Staaten und Alltagsgeschichte beeinflussten sich immer gegenseitig. Und deutlich wird dies in jeder einzelnen Familie und in der genauen Untersuchung der Ahnengeschichte.

Familienforschung heißt deshalb auch: die Geschichte erlebbar verstehen und die Familie, vielleicht auch sich selbst, (wieder-)erkennen.

Bauern bei der Kartoffelernte. Stich von Ortlieb.

Was sagt der Name aus? – Im Wandel der Mode

Wie sehr die Namen uns mit der eigenen Familiengeschichte verbinden, macht ihre Entstehung deutlich. Als Erstes entwickelten sich die Vornamen, die so genannten Rufnamen. Sie entstanden bereits lange vor der christlichen Zeitenrechnung. Charakteristisch für diese ersten Rufnamen ist die Zweisilbigkeit und die strenge Unterscheidung von weiblichen und männlichen Namensteilen und Endungen. Ab dem 8. Jahrhundert traten dann zunehmend christliche Namen und Übertragungen aus dem Alten Testament mit hebräischer Abkunft auf. Vier Jahrhunderte später, etwa ab dem 12. Jahrhundert, wurden die Neugeborenen bevorzugt nach den verehrten Heiligen, wie Nikolaus, Maria oder Katharina, benannt. Während der Zeit des Humanismus und der Reformation kamen neue christliche Namen wie Gottlieb oder Fürchtegott in Mode, mit der Internationalisierung außerdem französische Namen wie Annette oder Charlotte. Auch englische (Jenny, Eduard) oder nordische Namen (Karin, Niels) waren beliebt. Die Humanisten pflegten außerdem die Familiennamen zu lateinisieren. Heute ist die Globalisierung stark zu spüren, denn Rufnamen aus allen Ländern der Welt bevölkern das Namensregister, das für die deutschen Standesämter und damit für die Vergabe in unserem Land verbindlich ist. Auch heute noch gehört das Aussuchen des Vornamens zum so genannten privatrechtlichen Bereich der Bürgerinnen und Bürger. Das heißt: Den Vornamen dürfen sich die Eltern selbst aussuchen – sofern dieser, wie oben erwähnt, entweder in einem Kalender in den Standesämtern verzeichnet oder von Personen aus der Geschichte bekannt ist.

Namen im Wandel der Zeiten:

Vornamen 8. bis 12. Jahrhundert (Auswahl)

männlich	*weiblich*
Dietrich	Irmingart
Heinrich	Engiltrud
Sigfrid	Kunigunt
Heriman	Hathewig
Adalbert	Adelheid

Vornamen um 1400 (Auswahl)

männlich	*weiblich*
Johann	Elisabeth
Nikolaus	Anna
Konrad	Katharina
Ludwig	Hildegund
Matthias	Jutta

Vornamen im 17. Jh. (Auswahl)

männlich	*weiblich*
Adam	Marie
Andreas	Anna
Caspar	Margaretha
Daniel	Susanna
Friedrich	Bertha
Conrad	Agnes

Vornamen zwischen 1960 und 1970 (Auswahl)

männlich	*weiblich*
Stefan	Anja
Peter	Manuela
Markus	Claudia
Alexander	Stefanie
Christian	Sabine
Thorsten	Petra

Vornamen um 2000 (Auswahl)

männlich	*weiblich*
Frederick	Sarah
Simon	Linda
Kevin	Anna
Lorenz	Vanessa
Leonard	Antonia

Müller, Schulze, Lehmann – wer waren die?

Als in der Vergangenheit der Rufname nicht mehr genügte, um Menschen innerhalb einer Gemeinschaft zu unterscheiden, wurden diese mit einem zusätzlichen Erkennungsnamen bedacht. Etwa ab dem 12. Jahrhundert standen zu wenige Rufnamen zur Verfügung, wodurch in der Verwaltung größerer Städte Probleme auftraten, wenn Personen unterschieden werden sollten. Der Beiname entstand. Die großen Ballungsgebiete wie Mainz oder Köln, in denen viele Menschen lebten, vergaben die ersten Beinamen. Aus diesen entwickelten sich bereits bis Anfang des 15. Jahrhunderts im gesamten deutschen Raum, ausgenommen bis auf einige ländliche Enklaven, die Familiennamen.

Thüringische Backstube, 1874. Der Familienname „Bäcker" deutet es an: Die Vorfahren könnten Bäcker gewesen sein. Ins Lateinische übertragen bedeutet „Bäcker" auch Panifex oder Pistor. Als Nachnamen – auch mit veränderten Silben – gehen sie auf den ursprünglichen Beruf zurück.

Familiennamen entstanden im Deutschen aus:

1. dem Rufnamen

Der Familienname wurde aus dem Rufnamen des Vaters als Anhängsel gebildet.
Beispiel:
Friedrichs, der Sohn Friedrichs
Dietrichs, der Sohn Dietrichs
Heinrichs, der Sohn Heinrichs
Conradi (lateinischer Genitiv)
Leonhardi (lateinischer Genitiv)

2. dem Ort oder der Wohnstätte, bei Adeligen der Name der Burg, bei Landbevölkerung des Gutes

Beispiel:
Bachmann oder Ambach, am Bach wohnend
Hagen, umfriedeter Ort
Forst, aus dem Wald
Birke, der bei einer Birke wohnt

Der Name „Fischer" stammt vom Fischen und der Berufs- oder Tätigkeitsbezeichnung „Fischer" ab. Lateinisiert heißt er Piscator. Stich aus dem Jahre 1690: „Von der Fischerey in Teichen".

Familiennamen entstanden im Deutschen aus:

3. der örtlichen Herkunft

Beispiel:
Schwab aus Schwaben
Furtwängler aus Furtwangen
Böhme aus Böhmen
Schlesinger aus Schlesien
Vogtländer aus dem Vogtland
Riese aus Riesa

4. dem Beruf

Beispiel:
Bäcker, Fleischer, Metzger, Bauer, Zimmermann,
Lehmann, ein in Lehen stehender Mann
Schulze, der Dorfrichter, der schuldsprach
Müller, der Dorfmüller
Förster, der Förster
Fischer, der Fischer
Vogt, der Rechtsbeistand
Scharnagel, der Schmied
Höpfner, der Hopfenbauer

5. besonderen körperlichen Merkmalen und Eigenschaften oder Spitznamen oder Charaktereigenschaften

Groß, der Große
Stolz, der Stolze
Fleck, mit einem Flecken im Gesicht
Fink(e), sangesfroher Mensch
Reich(e), der Reiche
Kellig, der Geschwätzige
Vogelsang, der Sänger
Schnecke, der langsame Mensch
Schädel, nach auffälliger Kopfform
Hochmut, der Hochgesinnte
Hohlbein, Mensch mit nach auswärts gebogenen Beinen
Pfau, der Eitle
Schinkel, nach besonderem Schenkel oder Schinken
Zänker, der zänkische Mensch

Abb. links: Der Schulze oder Schultheiß (sitzend, rechts) war mit der Gerichtsbarkeit betraut und sprach schuld. Später galt er im Dorf als Gemeindevorsteher, zu dessen Pflichten es gehörte, sich den neuen Lehrer anzusehen. (Stich von 1874)

Ist die Herkunft wichtig? – Adelige, Handwerker oder Bauerndynastie

Die Herkunft spielte seit jeher in allen Kulturen eine wichtige Rolle. Schon die Evangelisten führten den Stammbaum Jesu in der Bibel auf, rekonstruierten und ergänzten ihn in mühsamer Kleinarbeit als Zeugnis für dessen Abstammung von Abraham, Noah und König David. Und die richtige Heirats- und Erbpolitik gab auch später den Ton in jeder Schicht an. Adelige suchten nach den besten Häusern, um Macht und Einfluss zu vergrößern. Länder und Regionen gelangten dadurch von heute auf morgen unter eine andere Regentschaft, oder die Menschen mussten sich einer neuen Religion unterwerfen. Später teilten sich die großbürgerlichen Familien das Kapital und die wirtschaftliche Gewalt ebenfalls durch geschickte Heiratsverbindungen untereinander auf. Wie wichtig

Familienbild des „Franz Josef I., Kaiser von Österreich, König von Ungarn, und die Seinen" mit (v. l.) Erzherzogin Marie Valerie, Kaiserin Elisabeth, Erzherzogin Elisabeth, Kaiser Franz Josef I., Erzherzogin Stephanie (Kronprinzessin), Erzherzog Rudolf (Kronprinz), Prinz Konrad, Erzherzogin Gisela (Prinzessin von Bayern) und Prinz Leopold von Bayern, Prinz Georg, Prinzessin Augusta, Prinzessin Elisabeth (von Bayern). Originalzeichnung von Theodor Volz.

Zur Hochzeit versammelte sich die gesamte Verwandtschaft zum Gruppenbild, wie bei dieser Doppelhochzeit von Geschwistern. Die Eltern der Braut stehen beim Bräutigam, dessen Eltern sich neben die Braut gruppieren. Die Bräute tragen einen Vollschleier und einen geschlossenen Myrtenkranz, der auf ihre Jungfräulichkeit hinweist. Nach der Hochzeit nahmen sie den Schleier ab und setzten um Mitternacht die traditionelle Haube auf.

dabei Ansehen und Stammbaum waren, verdeutlicht die historische Genealogie.
Die Menschen definierten sich über die Familie und deren Geschichte, sie gab ihnen Halt und Verantwortung. Als Grundgebilde des menschlichen Zusammenlebens ist die Familie die soziale Gruppe, die am weitesten in der Gesellschaft verbreitet war und ist. Sie übernahm in der Vergangenheit viele verschiedene Funktionen wie die wirtschaftliche Erhaltung der Verbindung, Daseinsvorsorge bei Krankheit, Invalidität und Alter sowie die klare Rollenbestimmung und Erziehung der einzelnen Mitglieder. In den vergangenen Jahren vollzog sich eine Wandlung der Ehe und Familie als Institution und hob zahlreiche Funktionen auf. Vielleicht ist es gerade in der heutigen Zeit wichtig, die Wurzeln wieder zu finden, die in manchem sozialen Gefüge scheinbar verloren gegangen sind, sie in einen neuen Kontext zu stellen – und zu verstehen.

GENEALOGIE
GESTERN UND HEUTE

In der Vergangenheit verhalf die Genealogie vor allem Adeligen, ihre blaublütige Abstammung nachzuweisen oder den Bürgern ihre Zugehörigkeit zu einer Zunft zu legitimieren.

Heute beschäftigt sich die systematische Familienforschung und Genealogie als Teilwissenschaft der Geschichte mit Fragen nach der Struktur und Entwicklung von Verwandtschaftssystemen. Eingebettet in die historische Betrachtung werden die Entwicklungen der Geschlechter und Stämme, ihre Auswirkung und die Effekte der geschichtspolitischen Vorgänge auf die Chronik der Familie betrachtet.

Die Familienforschung unterscheidet dabei die Ahnenforschung und die Nachkommenforschung. In der Ahnenforschung geht die Forschung vom jüngsten Spross der Familie aus. Meist wird ein Vorfahr als Bezugsperson gewählt, die bereits durch die Ahnenforschung ermittelt wurde. Von dieser Bezugsperson aus werden nun weitere Nachkommenslinien ermittelt. Wichtig ist dies vor allem für das Erbrecht.

WAS IST GENEALOGIE?

Die Genealogie wird im Allgemeinen als Wissenschaft gesehen und unterscheidet sich in einigen Punkten von der einzeln betriebenen Familienforschung. Das Wort Genealogie setzt sich aus dem lateinischen Wort „genus" und dem griechischen Wort „logos" zusammen. Genus steht für Stamm, Familie und Herkunft, logos für Lehre. Genealogie bedeutet also: die Lehre von den Familien und deren Herkunft und Entwicklung. Da in der genealogischen Vorgehensweise mit systematischer Methodik geforscht wird und die Ergebnisse in verallgemeinerten Thesen erscheinen, zählt sie zur Wissenschaft. In der Ahnenforschung, die Familienmitglieder betreiben, wird dagegen besonderer Wert auf das Spezielle und die besondere Familie gelegt. Diejenigen, die sich in ihrer Freizeit mit der Familienchronik beschäftigen, üben meist keine methodische wissenschaftliche Arbeit aus. Mit der Zeit, dem entsprechenden Fachwissen und umfangreicher Praxis kann sich aus einer Ahnenforscherin eine geschickte Hobby-Genealogin entwickeln, die sich auf die Anleitungen, Literatur und Register der Wissenschaftlerinnen und Wissenschaftler stützen kann. Ohne die Wissenschaft Genealogie mit ihren umfangreichen Bibliotheken, methodischen Anweisungen und der Fachliteratur wäre eine konsequente und mit Erfolg gekrönte Ahnenforschung eines einzelnen Familienmitgliedes kaum denkbar.

Intensive Bibliotheksstudien betrieben Genealogen bereits vor Jahrhunderten. Stich aus dem Jahre 1888.

Abriss durch die genealogische Geschichte

Eines der ältesten historischen Zeugnisse der Genealogie ist der biblische Stammbaum Jesu, der sich aus dem 1. Buch Moses und dem Matthäus-Evangelium zusammensetzt und über 1200 Jahre erstreckt. Ob diese Ahnentafel historisch richtig ist, kann heute niemand mehr beantworten. Sie zeigt jedoch, welchen Rang die Ahnenkunde bereits damals einnahm.

BEI DEN ÄGYPTERN ...
stammte der Pharao im Sonnenglaube direkt vom Sonnengott Re ab. Im Osirisglauben galt er als die Inkarnation des Gottes Horus, des Sohnes der Göttin Isis und des Gottes Osiris.

BEI DEN GRIECHEN ...
zählte die Abstammung vom Göttervater Zeus in adeligen Familien als wichtig. In den Mythen und Liedern wird der Stammvater des jeweiligen Geschlechts angegeben.

BEI DEN RÖMERN ...
legten die wohl situierten Familien vor allem großen Wert darauf, ihre lückenlose Abstammung zu Romulus und Remus, den Gründerbrüdern Roms, nachzuweisen.

BEI DEN JAPANERN ...
gilt der Tenno bis heute als Sohn der Sonnengöttin Amaterasu und deshalb selbst als Gott.

BEI DEN GERMANEN ...
erzählen Lieder und Mythen von den ruhmreichen Taten der Geschlechter und Familien.

Osiris, der Herrscher des Totenreiches (Bronzefigur, 400 v. u. Z.), richtet auch über die Seelen. Im Osirisglauben tötete und zerstückelte ihn sein Bruder Seth, doch seine Schwester und Frau Isis erweckte ihn mit dem schakalköpfigen Anubis wieder zum Leben. Osiris und Isis zeugten den falkenköpfigen Horus, der sich im Pharao inkarniert.

Im Mittelalter ...

galt die Staffelung: Edelmann, Bürger und Bauer. Um sich von den Bürgern und Bauern abzuheben, wurden hohe Ämter nur an Adelige vergeben. Dafür galt es, mit der „Ahnenprobe" mindestens sechs Generationen an blaublütigen Vorfahren der Bewerber nachzuweisen. Aufgrund dessen besetzten jahrhundertelang grundsätzlich Adelige die höchsten religiösen und weltlichen Ämter.

Bei den Bürgern innerhalb der Zünfte, die in den freien Städten die Macht ausübten, galt der strenge Herkunftsnachweis als Voraussetzung zum Beitritt. Mit dem „Geburtsbrief" konnte die rechte Abstammung nachgewiesen werden. Und diese war weitaus wichtiger als die Geschicklichkeit im Beruf. Für einen

namenlosen talentierten Gesellen bestand kaum die Möglichkeit, in eine Zunft einzutreten – es sei denn, es gelang ihm durch die richtige Heirat oder einen gefälschten Geburtsbrief. In einer entfernten Stadt war es ihm vielleicht so möglich, ein freier Bürger zu werden. Zu einer gekonnten Fälschung waren übrigens nur Gelehrte oder Klosterbrüder fähig, die sich damit ein Zubrot verdienten – und die Chronik einer Familie heftig durcheinander bringen konnten oder vielleicht sogar neu erschufen.

Der Müller (oben) und der Schneider (links). Holzschnitte von Jost Amman 1568.

Die erste genealogische Arbeit ...

... verfasste Ladislaus Stuntheim im 15. Jahrhundert. Er fertigte für Kaiser Maximilian vom Fürstenhaus der Habsburger eine Chronik an, die als erstes Werk historischer Genealogie gilt.

Zu dieser Zeit war es in fast allen adeligen Häusern üblich, seine privilegierten Rechte mittels eines Stammbaumes zu unterstreichen. Gelehrte wurden mit dieser Aufgabe betraut, woraus sich die Wissenschaft „Genealogie" nach und nach entwickelte.

Bereits im Jahre 1700 erschienen die ersten Bücher zu diesem Thema, 1788 ein Standardwerk vom Genealogen und Heraldiker Johann Christoph Gatterer mit den ersten Regeln. Als später die Bedeutung des Adels innerhalb der Gesellschaft abnahm, sank auch das Interesse an Stammbäumen. Erst ab Mitte des 19. Jahrhunderts interessierte sich wieder das Bürgertum an seiner familiären Vergangenheit.

Mit dem Erscheinen des „Genealogischen Handbuchs der Geschlechter" im Jahre 1889 begann die Familienforschung, wie sie heute bekannt ist. Dazu kamen die Wappenkunde (Heraldik) und die Siegelkunde (Sphragistik), die eine systematische Familienforschung, in ihren Anfängen von Adelsgeschlechtern ausgehend, überall beliebt machte. Ab 1900 breiteten sich die genealogischen Vereine über ganz Deutschland aus und gaben eigene Zeitschriften und Forschungsblätter heraus.

Genealogie als Mordinstrument

Unter der Herrschaft der Nationalsozialisten ab dem Jahre 1933 musste jeder Bürger und jede Bürgerin die deutsche „arische", also „nichtjüdische" Abstammung beurkunden lassen und diese in einem so genannten „Ahnenpass" oder „Sippenbuch" vorlegen. Mit der für die Machthaber „falschen" Herkunft, Religion oder ohne Nachweis einer „reinrassigen" Familienlinie drohte eine Markierung der Person und später der Abtransport in ein Konzentrationslager. Dort wurden aufgrund ihrer Abstammung Millionen Menschen ermordet.

Moderne Genealogie

Nach dem Zweiten Weltkrieg saß der Schock über die einseitig humangenetische Ausrichtung der Familienforschung durch die Nationalsozialisten derart tief, dass die Genealogie erst einmal grundsätzlich auf Misstrauen traf.

Die Familienforschung in alter Tradition begann zunächst zaghaft in lokalen Gruppen und Vereinen. Den Antrieb gaben die Vertriebenenverbände mit Sudetendeutschen, Schlesiern und Banater Schwaben, die nach ihren Wurzeln forschten.

Heute kommen Genealogen und Hobbyforscher in ganz Deutschland in zahlreichen Vereinen und Gruppen zusammen, die sich mit der Familienforschung beschäftigen. Sie kommunizieren über Zeitschriften, Mitteilungsblätter oder das Internet miteinander. Die Forschungsarbeit wird vor allem durch die Vereine und Verbände getragen, da es an deutschen Hochschulen noch immer keinen Lehrstuhl für Genealogie gibt.

> Nur für den Ariernachweis
>
> **Wörtlicher Auszug aus dem Taufregister**
> der ev. Kirchengemeinde
> Wansdorf.
> Anno 1743
>
> d. 20 ten. Martij, hatt Christian Lütter seinen Sohn mit Nahmen Georg tauffen laßen. Gevattern waren:
> 1. Jgfr. Anna Dorothea Scherfs, Joachim Scherfs Tochter
> 2. Fr. Ursula Roggen, Martin Schulzens, [...]
> 3. Mstr. Peter Seehauß der Küster
> 4. Andreas Fardün
> 5. Jürgen Lütter, Andreas Fardüns Stieffsohn
>
> Am 5.10. 1801 starb in Wansdorf der Täufling Georg Lütter an der Auszehrung und wurde den 9.10. 1801 begraben, alt 58 Jahr.
>
> Oranienburg, 15. Juli 1943
> Evangelisches Pfarramt
> Wansdorf.
>
> F. A. W. Wolff,
> Kirchenbuchführer

Um ihren Arierausweis zu erhalten, mussten die Menschen im nationalsozialistischen Deutschland ihre deutschen Wurzeln über die vergangenen Jahrhunderte vorweisen. Dazu stellten die Pfarrämter, wie hier das evangelische Pfarramt in Oranienburg im Jahre 1943, beglaubigte Auszüge aus Tauf-, Trau- und Sterberegistern zusammen. Der Zweck des Schreibens wird im amtlichen Aufdruck deutlich: „Nur für den Ariernachweis".

Familienfotos erinnern uns an unsere Vorfahren – und bilden den ersten Schritt auf dem Weg zur Ahnenliste.

2. Anleitung zur Ahnenforschung – der eigenen Herkunft auf der Spur

Schritt für Schritt: Wie fange ich an?

Die Voraussetzung für eine erfolgreiche Ahnensuche ist die systematische Datensammlung. Eine wirklich fundierte Ahnenlinie muss beweisbar sein. Das Wichtigste ist also, dass Sie nicht nur die Daten gründlich notieren, die Sie mündlich in Erfahrung gebracht haben, sondern auch, dass Sie deren Glaubwürdigkeit mit Originalen oder Kopien belegen. Begeben Sie sich auf die Suche nach Ihren Ahnen!

Stammbuch von 1915.

1. Schritt:
Die Datensammlung

Für die gesamte Recherche gilt: Sammeln Sie alles, auf das Sie treffen und das infrage kommen könnte! Notieren Sie jede Kleinigkeit über Ihre Vorfahren, egal ob dies beweisbar ist oder frei erfunden zu sein scheint:

- Namen
- Daten von Geburt, Heirat und Tod
- die zugehörigen Ortsnamen
- und die Lebensorte
- Anekdoten
- Berichte und Gerüchte
  (hilfreich, falls Sie irgendwann auf ein „schwarzes Loch" treffen)

Sammeln Sie auch alle Unterlagen, Dokumente und Erbstücke, die Ihnen Auskunft geben könnten. Dazu gehören:
- Familienbibel und Familienchronik
- Geburtsurkunden
- Heiratsurkunden
- Sterbeurkunden
- Taufzeugnisse
- Konfessionswechsel
- Schenkungsurkunden
- Alte Zeitungen und Zeitschriften
- Briefe und Notizzettel
- Militärpapiere
- Todesanzeigen
- Fotos, Passbilder und Fotoalben
- Schulzeugnisse
- Notizbücher und Tagebücher
- Testamente
- Bereits erstellte Ahnenlisten und Ahnenpässe

2. Schritt:
Personenstammblätter anlegen

Um von Beginn an Ihre Unterlagen systematisch zu ordnen, sollten Sie für jede Person, auf die Sie während Ihrer Recherche treffen, ein eigenes Blatt, das so genannte Personenstammblatt, anlegen.

Egal ob Sie am Computer oder per Handschrift arbeiten, der Aufbau eines Personenstammblattes muss Folgendes enthalten:

Stammbuch von 1938.

PERSONENSTAMMBLATT

Kennziffer: _____

Name _____ Geburtsname _____
Vorname(n) _____
geboren am _____ in _____
getauft am _____ in _____

Vater _____ geb. in _____

Mutter _____ geb. in _____

Geschwister
1. _____ geb. _____ gest. _____
2. _____ geb. _____ gest. _____
3. _____ geb. _____ gest. _____
4. _____ geb. _____ gest. _____
5. _____ geb. _____ gest. _____
_____
_____
_____

1. Heirat am _____ in _____
mit _____
2. Heirat am _____ in _____
mit _____

Kinder
1. _____ geb. _____ gest. _____
2. _____ geb. _____ gest. _____
3. _____ geb. _____ gest. _____
4. _____ geb. _____ gest. _____
5. _____ geb. _____ gest. _____
_____
_____
_____

gestorben am _____ in _____

Anmerkungen: (Beruf, Ämter, Eigenschaften, Charakterzüge, Krankheiten etc.)
_____
_____
_____

Das Frageblatt

Für die genaue Recherche können Sie ebenfalls ein ausführliches Frageblatt zu jeder Person anlegen, das Sie zu jeder Archivarbeit und zu jedem Gespräch mit Verwandten mit sich nehmen und ausfüllen, sobald Sie auf die Antwort zu einem Thema gestoßen sind.
Solch ein Frageblatt könnte folgendermaßen aussehen:

Person:

Persönliche Daten

Geburtstag: _____

Geburtsort: _____

Taufe: _____

Schulbildung: _____

Schulabschluss: _____

Firmung/Konfirmation: _____

Berufsbildung: _____

Berufsabschluss: _____

Militärzeit und Grad: _____

Verlobung: _____

Heirat: _____

Heiratsort: _____

Umzüge: _____

Todestag: _____

Todesort: _____

Beerdigungstag und Ort: _____

Eltern: _____

Onkel/Tanten: _____

Geschwister: _____

Großeltern väterlicherseits: _____

Großeltern mütterlicherseits: _____

Vettern, Kusinen: _____

Ehepartner/innen: _____

Lebenspartner/innen: _____

Eheliche Kinder: _____
_____

Uneheliche Kinder: _____
_____

Körperliche Merkmale

Größe: _____

Gewicht: _____

Körperbau: _____

Haarfarbe: _____

Augenfarbe: _____

Besondere Merkmale: _____
_____
_____

Abbildung/Foto:

Charaktereigenschaften: _____
_____
_____

Gesundheit: _____

Krankheiten: _____
_____
_____
_____
_____
_____

Besondere Interessen: _____
_____
_____

Reisen: _____
_____
_____

3. Schritt: So wird nummeriert!

Bereits seit dem Jahre 1676 gibt es ein einheitliches System. Später führte Stephan Kekulé von Stradonitz 1898 die Kennziffern ein, nach denen in der Familienforschung bis heute üblicherweise nummeriert wird.

Ziffer 1: Sie selber/der Proband
Ziffern 2 und 3: Vater und Mutter
Ziffern 4, 5 (väterlicherseits), 6 und 7 (mütterlicherseits): die jeweiligen Großeltern
Ziffern 8, 9, 10, 11 (väterlicherseits), 12, 13, 14 und 15 (mütterlicherseits): die jeweiligen Urgroßeltern und so weiter.
Vergeben Sie die geraden an männliche und die ungeraden Zahlen an weibliche Vorfahren. Nach diesem System haben Väter eine doppelt so hohe Ziffer wie das Kind und Mütter eine doppelt so hohe Ziffer wie das Kind plus eins.

Nummerieren Sie die Ahnen nach diesem Muster, steigern sich die Kennziffern der Vorfahren in arithmetischer Zweierfolge, wie hier am Beispiel Ihres Vaters:
2 (Vater) – 4 (Großvater) – 8 (Urgroßvater) – 16 (Ururgroßvater)–
und Ahnen in direkter Linie: –32–64–128.

Da Sie bei der Menge der Daten leicht den Überblick verlieren können, empfiehlt es sich, der jeweiligen Generation eine Farbe in Ihren Akten zuzuordnen. Sollten Sie mit Karteikarten arbeiten, dann verwenden Sie verschiedenfarbige Karten. Arbeiten Sie mit dem Computer, dann markieren Sie die Kennziffern mit einer zugeordneten Farbe am Bildschirm und im Ausdruck oder verwenden beim Ausdrucken verschiedenfarbiges Papier.

4. Schritt: Die Generationsübersicht

In der Generationsübersicht wird das System der Nummerierung deutlich. Damit können Sie die verschiedenen Vorfahren einordnen und nach einiger Übung bereits an ihren Kennziffern sofort erkennen.

In der Genealogie ist es üblich, dass die Kennziffern des Mannes der Ahnenforschung zugrunde gelegt werden. In der nachfolgenden Übersicht ist dies die Ahnenzahl.

	Generation	Anzahl	Ziffer
Proband		1	1
Eltern	I	2	2-3
Großeltern	II	4	4-7
Urgroßeltern	III	8	8-15
Alteltern	IV	16	16-31
Altgroßeltern	V	32	32-63
Alturgroßeltern	VI	64	64-127
Obereltern	VII	128	128-255
Obergroßeltern	VIII	256	256-511
Oberurgroßeltern	IX	512	512-1023
Stammeltern	X	1024	1024-2047
Stammgroßeltern	XI	2048	2048-4095
Stammurgroßeltern	XII	4096	4096-8191
Ahneneltern	XIII	8192	8192-16383
Ahnengroßeltern	XIV	16384	16384-32767
Ahnenurgroßeltern	XV	32768	32768-65535

5. Schritt:
Ordner und Akten anlegen

Sie verfügen nun über das erste Rüstzeug, das Sie für die erfolgreiche Recherche benötigen. Sie haben sich Personenstammblätter bereitgelegt und wollen das System der Nummerierung verwenden.
Arbeiten Sie ohne Computer, dann legen Sie bitte einen Ordner an, in dem nur Personenblätter abgelegt werden. Systematisieren Sie auch Ihre anderen Fundstücke. Das heißt, versuchen Sie diese nach der Art des Materials zu ordnen: Fotos werden zu Fotos gelegt, allerdings streng nach der Quelle getrennt, und erhalten jeweils eigene Klarsichthüllen. Verfahren Sie so mit allen anderen Urkunden und Materialien, um sie nach dem Sortieren den Personen und Generationen zuordnen zu können.

Arbeiten Sie mit dem Computer und einem speziellen Genealogie-Programm, empfiehlt es sich, die Daten von Zeit zu Zeit auszudrucken und als Update abzuheften. Vergessen Sie auch nicht, am Ende des Tages eine Sicherungskopie auf Diskette anzulegen.

Computerprogramme können Ihnen vor allem die Dokumentation in Ihrer Arbeit sehr erleichtern. Informieren Sie sich über die Software ausführlich, klären Sie, was diese Ihnen bietet.
Es gibt zahlreiche Computerprogramme zur Familienforschung auf dem Markt:

Kleine Software-Auswahl

Ages!:
für Windows 9x/NT von Jörn Daub, Verwaltung, Zuordnung von Familienstammbäumen (www.genealogie-shop.de)

AhnenChronik:
für Windows 9x von Jupi-Soft, Bremen, mit Access-Datenbank und grafischer Stammbaumausgabe mit Bildern (www.ahnen-chronik.de)

Ahnengalerie 3.0:
für Windows 9x/NT von TLC The Learning Company Deutschland GmbH, Oberhaching, mit Datenarchivierung, statistischer Auswertung und Stammtafeln (www.ahnengalerie.com)

GF-Ahnen:
für Windows 9x/NT von Werner Bub, München, der Gesellschaft für Familienforschung in Franken e. V. mit zahlreichen Datenbanken (www.gf-franken.de)

Mein Stammbaum 2 Deluxe:
für Windows 9x/2000 von Vivendi Universal Interactive in Langen, mit Datenbanken, Archivierung und vielen Grafikprogrammen (www.genealogie-service.de)

PC-Ahnen 2001:
für alle Windowsarten von Günther Schwärzer, Pleystein, zur Erfassung aller Daten und mit vielen Zusatzinformationen (www.pcahnen.de)

Pro-S-Ahn:
für Windows 9x/NT von Dr. Dieter Coors, Stolberg, Komplexes Datensystem für die Ahnenforschung
(www.ahnenforschung-programm.de)

Win-Ahnen:
für Windows 9x/NT von Robert Mundt Software, Datenbank mit vielfältigen grafischen Ausgabemöglichkeiten (www.winahnen.de)

Wo schaue ich zuerst nach?

1. Familienstammbücher und Geburtsurkunden

In (fast) jeder Familie gibt es ein Familienstammbuch, das zur Hochzeit eines Paares vom Standesamt übergeben wird. Dieses enthält Eintragungen zu den Brautleuten und deren Eltern. Wenn Sie das Familienstammbuch Ihrer Eltern besitzen, finden Sie dort auch Eintragungen zu den Urgroßeltern.

Taufen sind im Familienstammbuch und in den Taufregistern der Kirchenbücher verzeichnet. Stich aus dem Jahre 1881.

Stich aus dem Jahr 1887: „Der Onkel als Brautführer". Familienfeiern wie die Hochzeit stehen nicht nur im Stammbuch einer Familie und im Trauregister der Kirche, sondern geben auch einen guten Anlass, mit der Familienforschung zu beginnen.

Entnehmen Sie dem Stammbuch folgende Daten:
- ◆ vollständigen Namen der Eltern
- ◆ vollständigen Namen der Großeltern
- ◆ Geburtsnamen der Mutter und Großmütter
- ◆ Geburtsdaten und Orte
- ◆ Heiratsdaten und Orte
- ◆ Berufe
- ◆ Daten zu den Kindern
- ◆ Sterbedaten

Sind Sie nur im Besitz Ihrer Geburtsurkunde, beginnt bereits hier Ihre Ahnenforschung. Sie müssen das zuständige Standesamt Ihrer Eltern herausfinden und sich die Geburtsurkunden zuschicken lassen. (Siehe Kapitel 3 „Standesämter".)

2. ANEKDOTEN – FAMILIENFEIERN RICHTIG NUTZEN

Anekdoten und kleine Berichte gehören in jede Familie. Meist werden sie bei Familientreffen wie Geburtstagen, Hochzeiten oder Taufen mit großer Begeisterung erzählt. Großvater berichtet von einer Geschichte, die sein Großvater erlebt haben soll. Oder eine Tante kennt eine angeblich uralte Familientradition. Seien Sie aufmerksam und fragen Sie nach. Aber Vorsicht! Viele der Geschichten sind übertrieben oder sogar ganz erflunkert!

TIPP: *Tragen Sie immer einen Notizblock und einen Stift bei sich. Vielleicht hören Sie etwas, dem Sie nachgehen möchten. Vielleicht kann sich eine Großtante an den Namen ihrer Großtante gerade dann erinnern, wenn Anekdoten erzählt werden. Oder Sie treffen eine Cousine wieder und möchten die Telefonnummern austauschen.*

3. OMAS, ONKELS UND FOTOALBEN

Fertigen Sie sich eine Liste über Ihre Verwandten an, die Sie nacheinander besuchen und nach bestimmten Personen und Orten ausfragen möchten. Nehmen Sie sich Zeit bei Hausbesuchen, lassen Sie sich die Fotos erklären und beschriften Sie diese weitgehend (auf der Rückseite) mit allen Daten, die Sie erfahren. Vergessen Sie den Fragebogen (S. 32/34) nicht!

Das Stammbuch der Familie (das abgebildete stammt aus dem Jahr 1966) beginnt mit der Familiengründung: der Hochzeit des Paares. Anschließend folgen vorgedruckte Geburts- und Tauf- und Sterbeurkunden.

In den Archiven der Kirchen, wie hier vom Dom zu Magdeburg, lagern die Register, in denen Trauungen, Taufen und Begräbnisse seit Jahrhunderten verzeichnet sind. Stich aus dem Jahre 1850.

3.
Informationsquellen nutzen – offiziell und privat

Die Recherche beginnt

Mittlerweile verfügen Sie über zahlreiche Informationen, Urkunden, Notizen und Fotos, die einen ersten Überblick von Ihren nahen Vorfahren gestatten. Nun kann die eigentliche Ahnenforschung beginnen!

Um sich in der Ahnenlinie zurückzubewegen, stehen Ihnen eine ganze Reihe offizieller Stellen zur Verfügung. Mit deren Hilfe sammeln Sie Geburts- oder Traudaten, Sterbeurkunden und viele andere Urkunden und Informationen über Ihre Familiengeschichte.

◆ Die Standesämter dokumentieren Geburten, Hochzeiten und Sterbefälle ab dem Jahr 1875, mancherorts sogar ab 1800.

◆ Kirchenbücher verzeichnen etwa ab 1490 die Taufen, Hochzeiten und Sterbefälle. Die Register führten die zugehörigen Pfarreien, allerdings entsprechend der Konfession.

◆ Das Einwohnermeldeamt verwaltet Register und Archive seit dem 19. Jahrhundert.

◆ Ab etwa 1800 gibt es in den Gemeinden Adressbücher und Einwohnerverzeichnisse.

Diese offiziellen Quellen helfen Ihnen, ein erstes Grundgerüst Ihres Stammbaumes zu konstruieren.

Tipp: *Heiratsurkunden wurden grundsätzlich unter dem Namen des Mannes archiviert!*

OFFIZIELLE QUELLEN

1. STANDESÄMTER

Die Standesämter verfügen über die Geburtsurkunden jedes Menschen, der in dieser Gemeinde (dem Geburtsort) zur Welt kam.
Gehen Sie zur Generation Ihrer Eltern zurück und lassen Sie sich die Geburtsurkunden der zuständigen Standesämter zuschicken. Schauen Sie dafür im Familienstammbuch nach, wo der Geburtsort der Eltern verzeichnet ist. Müssen Sie den Namens- , Orts- und auch Zeitangaben von älteren Familienangehörigen vertrauen, stellt sich manchmal heraus, dass diese falsch sind.

Weitaus sicherer sind die Hinweise, die Sie aus den Geburts-, Heirats- und Sterbeurkunden erhalten. Hier sind die Generationen schrittweise verzeichnet, und deshalb sollten Sie auch in diesen Schritten vorgehen. Bis ins Jahr 1875 können Sie auf diesem Weg zu den Angaben über Ihre Ahnen gelangen. Seit dieser Zeit gehört die standesamtliche Beurkundung zur gesetzlichen Pflicht einer jeden Gemeinde. Vorher lag es in der Obhut der Pfarrämter, die Eintragungen zu Taufe, Hochzeit und Begräbnis vorzunehmen, allerdings ohne strenge Regeln beachten zu müssen. Die Meldepflicht der Gemeinden kam mit der Französischen Revolution nach Deutschland.

Rathäuser nehmen Trauungen, Bekanntmachungen und Archivierungen vor. Hier lagern die Urkunden ab dem Jahre 1875. Aufgrund des Datenschutzgesetzes dürfen Sie nicht selbst in den Unterlagen nachsehen, sondern müssen die Abschriften oder Kopien schriftlich anfordern. Als direkter Abkömmling erhalten Sie Auskünfte nur über Personen, deren Tod 30 Jahre und deren Geburt 120 Jahre zurückliegt.
Rathäuser
zu Breslau
(linke Seite),
zu Oudenerde (diese Seite, links oben),
zu Münster
(rechts oben) und
zu Löwen (links).

Die ersten Standesämter richtete die Zivilregierung der Französischen Republik in den linksrheinischen Gebieten bereits gegen 1800 ein. Nach Napoleons Niederlage 1813 bei Waterloo wurde diese Institution im Deutschen Reich beibehalten und mit der Zeit über das gesamte Land ausgedehnt, bis im Jahre 1874 Standesämter in allen Gemeinden aufgrund des „Reichsgesetzes über die Beurkundung des Personenstands und der Eheschließung" vorkamen, die den familiären Stand dokumentierten.

Auskunft von den Standesämtern erhalten aber nur direkte Vorfahren oder Nachkommen. Andere Personen müssen ein rechtliches Interesse glaubhaft darlegen.

WAS STEHT IN DEN URKUNDEN?

Die Urkunden auf dem Standesamt sind nach Geburts-, Heirats- und Sterbebüchern geordnet und enthalten folgende Daten:

Geburtsurkunden:
Tag der Geburt, Namen der Eltern

Heiratsurkunden:
Tag der bürgerlichen Eheschließung, Alter von Braut und Bräutigam, Namen und Geburtsdaten der Eltern

Sterbeurkunden:
Sterbetag, Geburtstag und Geburtsort des/der Verstorbenen

Stammbucheintragung von 1915.

E 1

Geburtsurkunde

(Standesamt Schönwalde ———————————— Nr. 1/1890)

Emil Wilhelm Gustav R e x ————————————————————

ist am 2. Januar 1890 ————————————————————————

in Wansdorf ———————————————————————————geboren.

    Vater: Büdner und Maurer Gustav R e x ————————————

evangelisch ————— wohnhaft in Wansdorf————————

    Mutter: Antonie R e x geborene Rutenberg ——————————

evangelisch, wohnhaft in Wansdorf ————————————————

Änderungen der Eintragung: ——————————————————————

————————————————————————————————————

————————————————————————————————————

————————————————————————————————————

Schönwalde/Osthavelland , den 11. Juni 1942

(Siegel)   Der Standesbeamte

Gebühren 60 Pfg.

Angeforderte Geburtsurkunde aus dem Jahre 1942. Die Gebühr betrug damals 60 Pfennig.

Europa von 1789 bis 1815 während der Zeit Napoleons. Deutschland unterteilte sich in das Königreich Preußen und den Rheinbund unter französischem Protektorat.

Europa von 1789 bis 1815, Zeitalter Napoleon's.

FRANZÖSISCHER EINFLUSS

Aus der Zeit des Übergangs zwischen ausschließlich kirchlichen Aufzeichnungen und den von Standesbeamten geführten Personenstandsregistern (seit 1875/1876) stammen die Zivilstandsregister, die in den linksrheinischen Gebieten unter der Besetzung Napoleons eingeführt wurden.

Diese Zivilstandsregister entstanden nach französischem Vorbild, das bedeutete, dass die Urkunden in französischer Sprache verfasst sind. Neben der Urkundensprache Französisch brachte die Regierung Napoleons eine Reihe weiterer Änderungen mit sich. Fortan war es üblich, Ortsnamen ins Französische zu übertragen, wie Köln in Cologne oder Aachen in Aix-la-Chapelle. Die Familiennamen behielten zwar die deutsche Schreibweise, die Vornamen wurden jedoch häufig übersetzt. Zusätzlich mussten auch die staatlichen Register im Königreich Westfalen nach Konfessionen getrennt und von den jeweiligen Pfarrämtern geführt werden.

Die Register unterlagen einem einheitlichen Reglement. Sie besaßen einen alphabetischen Index, der später zehnjahresweise zu so genannten Decennaltabellen zusammengezogen wurde. Diese Tabellen sind nach Namen geordnet, bis 1835 zeitlich und alphabetisch, in den Jahren danach lexikographisch. Die Index-Tabellen helfen Ihnen, den Geburtstag eines Ahnen zu finden, dessen genaues Datum Sie zwar nicht kennen, wohl aber das Jahrzehnt und vor allem den Namen.

Alle Register, außer den Eheverkündigungen, gibt es in doppelter Ausführung. Eine Ausfertigung erhielt die Gemeinde, die zweite das

Luise von Preußen, die Gemahlin des Königs Friedrich Wilhelm III. von Preußen, unterstützte die preußischen Reformen. Bei den Tilsiter Friedensverhandlungen im Juli 1807 versuchte sie vergeblich in einer Unterredung mit Napoleon (rechts) mildere Friedensbedingungen zu erreichen. Luise starb bereits 1810 mit 34 Jahren. Nach ihren Entwürfen entstand das Eiserne Kreuz.

Landesgericht, in dessen Archiven diese Urkunden möglicherweise noch heute liegen. Die Eintragungen im Standesamt aus dieser Zeit sind fast vollständig in französischer Sprache.
Die Urkunden tragen den französischen Titel:
Acte de naissance (Geburtsurkunde)
Acte de mariage (Heiratsurkunde)
Acte de décès (Sterbeurkunde)

TIPP: *Während der Recherche empfiehlt es sich, ein französisch-deutsches Wörterbuch mitzunehmen!*

DIE FRANZÖSISCHE REVOLUTIONSRECHNUNG

Mit der Französischen Republik ging dort eine neue Zeitrechnung einher, in der 1792 als das Jahr 1 ausgerufen wurde. Dieser Kalender galt 12 Jahre und fand sein Ende im Jahre 1804. Die Revolutionäre stellten außerdem die Monate um und benannten sie neu. Damit wollten sie sich vom gregorianischen Kalender der Katholischen Kirche abgrenzen. Nur wenige Jahre hielt die revolutionäre Zeitrechnung, die jeden Ahnenforscher allerdings heute vor einige Aufgaben stellt.

Nach dem französischen Revolutionskalender galten folgende Monate:

Pluviöse	20. Januar bis 18. Februar
Ventöse	19. Februar bis 20. März
Germinal	21. März bis 19. April
Floreal	20. April bis 19. Mai
Prairial	20. Mai bis 18. Juni
Messidor	19. Juni bis 18. Juli
Thermidor	19. Juli bis 17. August
Fructidor	18. August bis 21. September
Vendemaire	22. September bis 21. Oktober
Brumaire	22. Oktober bis 20. November
Frimaire	21. November bis 20. Dezember
Nivose	21. Dezember bis 19. Januar

Jahresumrechnung:

greg. Jahr	franz. Jahr
1792/93	I
1793/94	II
1794/95	III
1795/96	IV
1796/97	V
1797/98	VI
1798/99	VII
1799/00	VIII
1800/01	IX
1801/02	X
1802/03	XI
1803/04	XII

Anschließend ging es wieder „nahtlos" in den gregorianischen Kalender über.

TIPP: *Da sich in manchen Fällen auch die Tage versetzten, empfiehlt es sich, die Tabelle eines Profis oder genealogischen Vereins zu verwenden, falls Sie auf ein unschlüssiges Datum aus dieser Zeit treffen.*

1627

Auffgang			APRILIS Aprill. hat XXX. Tage.	Niderg.		
1	5	18	Theodora.	1	6	42
2	5	16	Theodosius.	2	6	44
3	5	14	Christianus.	3	6	46
4	5	12	Ambrosius.	4	6	48
5	5	10	Eusebius.	5	6	50
6	5	8	Egesippus.	6	6	52
7	5	6	Coelestinus.	7	6	54
8	5	4	Vicimar.	8	6	56
9	5	2	Precopius.	9	6	58
10	5	0	Ezechiel.	10	7	0
11	4	58	Leo Papa.	11	7	2
12	4	56	Julius.	12	7	4
13	4	54	Euphimia.	13	7	6
14	4	52	Tiburtius.	14	7	8
15	4	50	Quiriacus.	15	7	10
16	4	48	Calixtus.	16	7	12
17	4	46	Rudolphus.	17	7	14
18	4	44	Valerius.	18	7	16
19	4	42	Her mogen.	19	7	18
20	4	40	Sulpitius.	20	7	20
21	4	38	Fortuna tus.	21	5	22
22	4	36	Cajus.	22	7	24
23	4	34	Georgius/	23	7	26
24	4	32	Albertus.	24	7	28
25	4	30	Mauritius.	25	7	30
26	4	28	Marcellus.	26	7	32
27	4	26	Anastasius.	27	7	34
28	4	24	Vitalis.	28	7	36
29	4	22	Sybilla.	29	7	38
30	4	20	Martianus.	30	7	40

In dem Monat ist der tag 12. stunden vnd 56. min. lang/ ongefehr. Vmb diese zeit beginners nach 3. vhr zu tagen/ vnnd halb 8. auff den abend finster zu werden. Pflegt man im Meissen zwibeln zu seen. Pflüge/see/pflantze in dem Aprill/ Purgier vn lasse/wer gesund sein wil/ Im tranck vn speiß halt maß vn stüd/ Trinck von Berohnien dz ist gesund. Beda, Denus & undenus est mortis vulnere plenus.

Der Stier ist kalt vnd trucken/ doch messig/ und gehöret der Erden zu.

Gehet die Sonn in Stier.

Die Kinder in diesem zeichen geborn/ haben lust zu Eckern: Wiesen/ Gärten/ haben lust zur Frölligkeit / Gesengen/ Seitenspielen/ zur Astronomia vnd Astrologia zur Hoffart vnd schönen Kleidern zur Gasterey vnnd spielen/ zu lieben/ vnd vexationen/ zun Weibesbildern haben sie wenig glück.

So bald sie aber etwas zu Jahren kommen/ werden sie karg vnnd reich/ haben wenig frewd/ aber viel Mißgönner/ vnd Feinde/ kommen zu Empern/ vnnd sind Geistlichen Leuten sehr wol gewogen. Auff Tiburtii sollen alle Felder grünen. Wenn die Grasemücke singet/ ehe der Wein herfür sprost/ so wird gemeiniglich ein gut Jahr/ und Gott bescheret Wein genug.

Donnerts so der Mond im Stier ist/ bedeut/ das Korn vnd Gersten schaden leiden werden.

Gehen die Plejades frü auff usq; ad 9. Maji, Nu mag man Hirse/ Zülch vnnd Heydekorn seen.

S. Georg vnd Marx/
Drewen vns viel args.

Auff Georgii) fehet der Guckuck an zu schreyen / auff Johannis höret er wider auff.

Auff Georgi (wenns recht zugehet) sol man die Augen im Weinstock vber den dritten Rehn sehen.

Wenn nach S. Marx der nechst abnemende Mond mit dem Saturno zusammen gefüget wird/ so nimpts dasselbige Jahr den Wein gar hinweg.

Floralia, Cardanus.
Frü vmb halb 3.vhr beginners zu tage/ auff dem Abend halbweg 9. wirds finster.

Vmb diese zeit leichen die Rapen/das ist ein grosser weicher Fisch/ vnd hat ein Namen vom Rapen oder raffen/ dz man sein Fleisch zusammen raffen muß/ wenn man jhn isset.

Aprilis Ambrosii festis ovat atque Tiburti,
Et valet sanctiq; Georg.Marciq; Vitalis.

Kalenderblatt des Monats April aus dem Jahre 1627. Papst Gregor XIII. führte 1582 während der Kalenderreform den nach ihm benannten Gregorianischen Kalender ein und löste den Julianischen Kalender von Julius Cäsar ab. Der Gregorianische Kalender setzte sich in den einzelnen deutschen Regionen allerdings zögernd durch. Bis etwa 1700 existierten beide Zeitrechnungen nebeneinander. In Russland erfolgte die Umstellung erst im Jahre 1918, wodurch sich eine Differenz zur europäischen Zeitrechnung von 13 Tagen ergibt.

Das richtige Standesamt finden

Auch aufgrund relativ neuerer Umstellungen können sich einige Komplikationen ergeben. 1971 fand in Deutschland die Gemeindegebietsreform statt, bei der kleinere Gemeinden größeren zugeordnet wurden. Informieren Sie sich deshalb vorher genau, welches Standesamt für Sie zuständig ist.

TIPP: *Suchen Sie in der Bibliothek aus einem Ortsverzeichnis das zuständige Standesamt heraus!*

Um an die Urkunden zu gelangen, müssen Sie das Standesamt anschreiben und entsprechende Kosten einplanen. Je größer das Archiv und ungenauer die Angaben, desto aufwändiger wird die Suche und damit die Gebühr. In manchen Städten gibt es eine feststehende Suchgebühr. Die Gemeinde muss Sie aber im Voraus über die Kosten informieren und darf nachträglich keine Rechnung stellen. Wenn der Aufwand für das Amt zu groß sein könnte, sollten Sie anfragen, ob Sie persönlich im Archiv suchen dürfen und um einen Termin bitten.

Übrigens: Aus Gründen des Datenschutzes können Sie keine Urkunden einsehen, die jünger als 100 Jahre sind. Nur in Ausnahmefällen wird die Aktensichtung dieser „jüngeren" Akten erlaubt – die Ahnenforschung zählt aber nicht dazu.

Sind beim Standesamt die Unterlagen, um die Sie baten, tatsächlich vorhanden, erhalten Sie die Kopien der Urkundeneinträge, meist mit Beglaubigungsstempel.

Bibliotheken bieten Verzeichnisse der zuständigen Standesämter, aber auch Adressen verschiedener Archive, Gemeinden und anderer Büchereien.

ANSCHREIBEN AN DAS ZUSTÄNDIGE STANDESAMT:

Ihr Name Datum
Ihre Adresse

Sehr geehrte Damen und Herren,

während der Erforschung meiner Familie bin ich auf Ihre Gemeinde gestoßen. Können Sie mir nähere amtliche Angaben über die Familie des/der (Name der gesuchten Person), geboren am (Geburtstag) in (Geburtsort) machen?

Ich möchte Sie bitten, mir den vollständigen Auszug aus Ihrem Geburts-/ Heirats-/ Sterberegister zur vorstehend genannten Person zuzusenden.

Sollte es Ihnen möglich sein, mir ebenfalls Auszüge über Geburt, Heirat oder Tod seiner/ihrer Eltern anzufertigen, die im gleichen Ort gewohnt haben sollen, wäre ich Ihnen sehr dankbar.

Zur Deckung Ihrer Gebühren lege ich fünf Euro bei. Sollten Ihnen weitere Auslagen entstehen, bitte ich Sie, mir dies mitzuteilen.

(oder:)
Anfallende Gebühren, die den Betrag von 20 Euro nicht überschreiten, werde ich selbstverständlich übernehmen. Falls Ihnen die Suche nicht möglich ist, wäre ich sehr dankbar, wenn ich selbst bei Ihnen recherchieren dürfte. Bitte teilen Sie mir dafür einen Termin mit.

Herzlichen Dank im Voraus.

Mit freundlichen Grüßen

Unterschrift
Ihr Name

2. KIRCHENBÜCHER

Für weiter zurückliegende Nachforschungen stehen die Kirchenbücher zur Verfügung, die eine der wichtigsten öffentlichen Quellen für familiengeschichtliche Dokumentierung darstellen. In jeder Gemeinde eines Kirchspiels verzeichnete der Pfarrer etwa ab dem Jahre 1490 Tauf-, Hochzeits- und Begräbnisdaten. Bis zur gesetzlichen Einführung der Dokumentationspflicht durch das Standesamt waren sie die einzigen Register, in denen Personenstände Eingang fanden. Die meisten Kirchenbücher beginnen allerdings erst nach dem Dreißigjährigen Krieg ab 1648. Viele Register stehen noch heute in der Heimatpfarrei, zu der sie gehören. Andere wanderten ins Zentralarchiv der Landeskirche. Dort befindet sich heute zumeist ein Duplikat jeder Aufzeichnung. Zahlreiche Kirchenbücher gingen in den Kriegsjahren verloren.

Da Kirchenbücher zum Kulturgut gehören, dürfen sie grundsätzlich nicht ausgeliehen oder zugesandt werden, sondern verbleiben immer an Ort und Stelle im Archiv. Dort können sie eingesehen und Fotokopien daraus angefertigt werden. Das Recht, Auskunft zu erhalten, hat jeder und jede Anfragende. Allerdings sind die Kirchenbuchverwalter nicht verpflichtet, umfassende Nachforschungen durchzuführen.

DIE ÄLTESTEN QUELLEN

Zu den ältesten Registern gehören die Taufmatrikeln von Cabrières in Frankreich aus dem Jahre 1305. Auch die Traumatrikel in Cremona in Italien gehen bis ins Jahr 1385 zurück. In den deutschsprachigen Gegenden zählen die Taufbücher von Basel aus dem Jahre 1490 und Annaberg in Sachsen von 1498 zu den ältesten Beständen.
Den Inhalt der Kirchenregister legte lange Zeit jeder Pfarrer auf seine Art fest, denn erst ab dem Jahre 1563 traten grundsätzliche Regelungen für Tauf- und Trauregister in Kraft, die auf dem Konzil in Trient für die katholischen Länder beschlossen wurden. Weitere 50 Jahre später folgten dann die Regelungen für die Sterberegister. Die evangelischen Regionen führten bereits seit 1533 aufgrund ihrer Kirchenordnung Buch über Taufen und Eheschließungen, allerdings auch oftmals in unterschiedlichem Umfang und von Gemeinde zu Gemeinde etwas verschieden – und in der individuellen ausdrucksstarken Schrift des jeweiligen Pfarrers.

Doch warum führten die Pfarreien oft so genau Buch über den Personenstand ihrer Gemeindemitglieder? Zuallererst deshalb, weil es von den Vorgesetzten so angeordnet worden war. Andererseits überprüfte der Kirchenrat anhand der Aufzeichnungen den Lebenswandel und die Frömmigkeit der Dorfbewohner nach den gängigen Regeln über Sitte und Moral. In einigen Gegenden dienten diese Unterlagen wohl auch dazu, Menschen, die „anders" leben wollten, den Prozess zu machen. Und so makaber es klingt: Auch die Prozessunterlagen sind selbstverständlich in den Kirchenregistern genau dokumentiert und helfen über manche „schwarze" Löcher in der Ahnenforschung hinweg.

Eines muss unbedingt klargestellt werden: Die Kirchenbücher führen nur die sakralen Handlungen zu den Ereignissen auf. Das bedeutet, dass nicht die Geburt an sich, sondern die Taufe im Kirchenbuch steht, ebenso wie der Begräbnistag und nicht unbedingt der Todestag.

TIPP: *Früher erhielten die Kinder innerhalb einer Woche die Taufe. Auch die Beerdigung fand spätestens drei Tage nach dem Tod statt. Bei Seuchen wurden die Toten noch am selben Tag begraben.*

Oben: Die Eltern Otto von Bismarcks als Brautpaar, Carl Wilhelm Ferdinand von Bismarck und Luise Wilhelmine Mencken.

Links: Eintrag im Taufregister der Königlichen Hof- und Garnisonskirche zu Potsdam über die am 24. Februar 1789 geborene Louisa Wilhelmina Mencken. (Beachten Sie die verschiedenen Schreibweisen des Vornamens der Braut!)

Unten: Eintrag in das Trauregister von 1806 im Schönhauser Kirchenbuch über die vollzogene Copulatio (Trauung) des Paares.

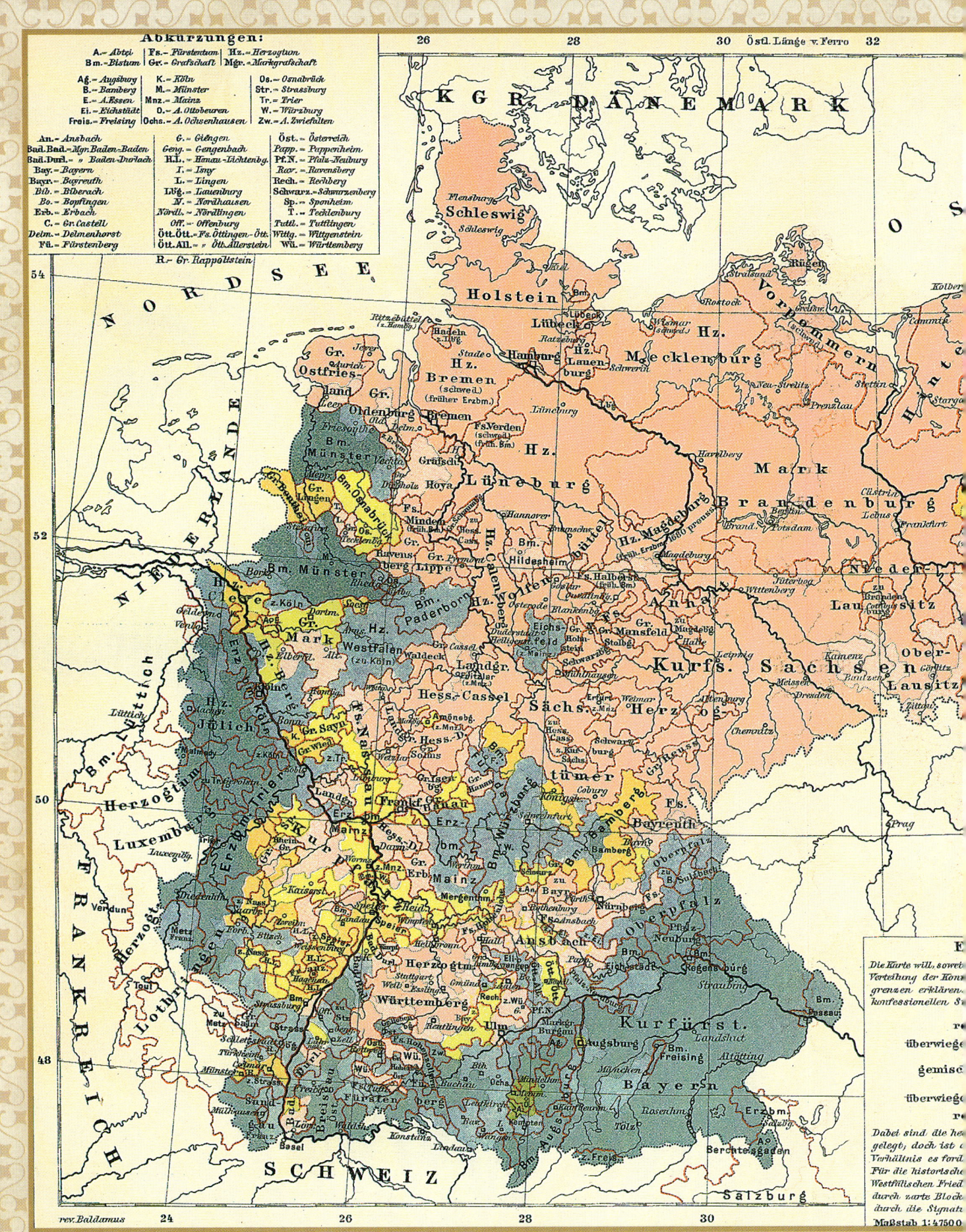

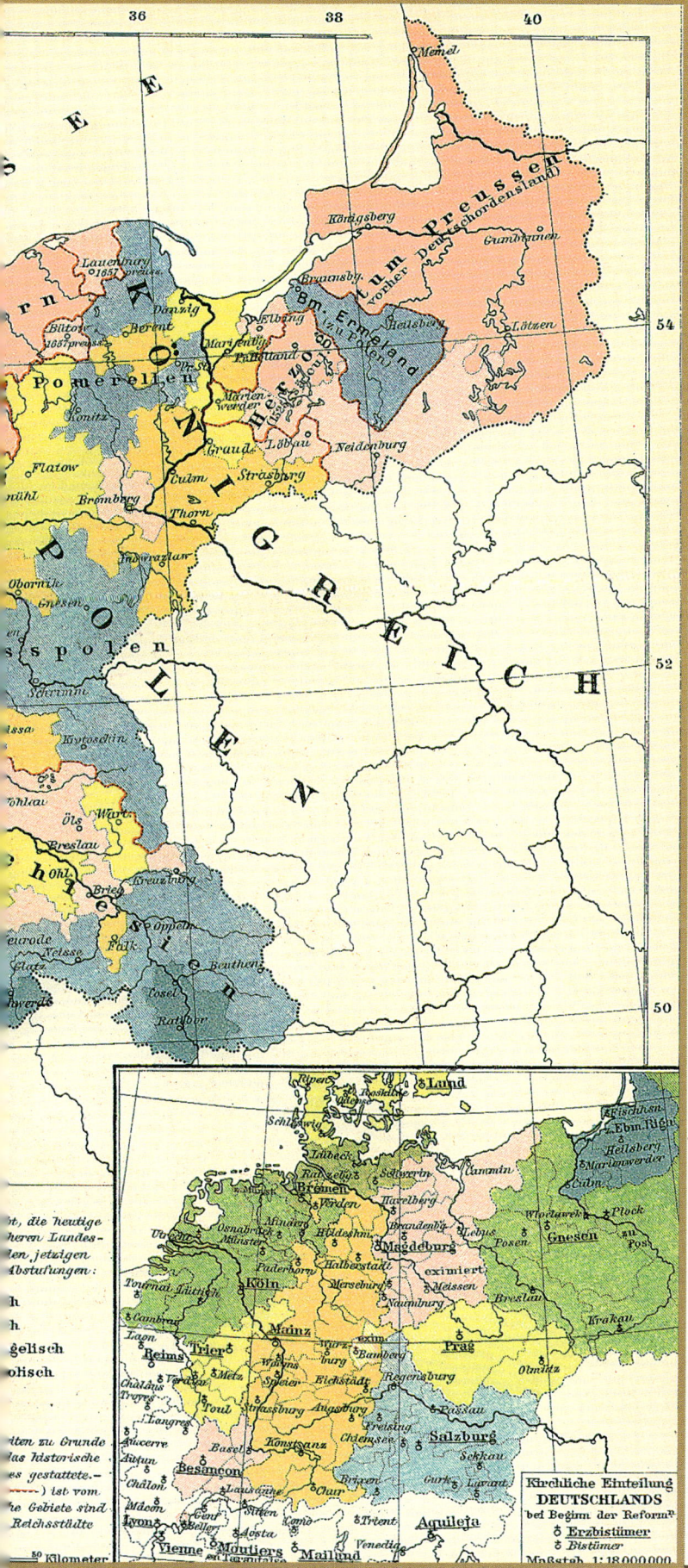

Konfessionskarte mit der kirchlichen Einteilung Deutschlands Ende des 19. Jahrhunderts (große Karte) und bei Beginn der Reformation im 16. Jahrhundert (kleine Karte rechts unten).

Was steht im Kirchenbuch?

Bei den Kirchenbüchern handelt es sich eigentlich um Register, die sowohl unterschiedlich geführt als auch in jedem Landstrich anders bezeichnet wurden:

- in Süddeutschland, Österreich und anderen katholischen Gegenden als Matriken, Matricula, Catalogus;
- in der Schweiz und in Tirol als Rodeln, Rotuli;
- als kircheninterne Bezeichnung Catalogus;
- im 16. Jahrhundert als Register;
- Ende des 17. Jahrhunderts als Index.

Da der Umfang der Eintragungen oft dem Kirchenbuchführer oblag, finden sich in den Büchern Angaben mit unterschiedlichem Umfang.
Grundsätzlich verzeichnen die Kirchenbücher:
- den Tag der Amtshandlung
- Altersangaben zu den Personen, die nicht immer stimmen müssen
- bei Taufen:
  die Namen der Eltern oder nur des Vaters
  den Taufnamen des Täuflings
  die Namen der oder des Taufpaten
- bei der Trauung:
  die Namen der Brautleute
  den Beruf des Bräutigams
  den Namen des Vaters der Braut
- beim Begräbnis:
  den Namen des oder der Verstorbenen
  das genaue Alter
  bei einem Mann den Beruf
  bei einer Frau den Familienstand
  bei verheirateten Frauen den Namen des hinterbliebenen oder bereits verstorbenen Ehegatten
  bei Kindern den Namen des Vaters

TIPP: *Die Vornamen der Täuflinge setzen sich häufig aus den Vornamen der Eltern und Großeltern in festgelegter Reihenfolge zusammen, denen der Rufname des Täuflings dazugestellt wurde. Die Reihenfolge kann Auskunft über die Namen der Vorfahren geben.*

Steht vor einem Eigennamen das Wörtchen „von", muss es sich hier keinesfalls um einen adeligen Verwandten handeln. Vielmehr kann das Wort darauf hinweisen, aus welchem Ort der Vorfahre stammt.

Kinder erhielten oft den Namen vorher verstorbener Brüder oder Schwestern. Manchmal trugen auch gleichzeitig lebende Geschwister den gleichen Namen.

Welches Pfarramt ist zuständig?

Da die Pfarrämter die Kirchenbücher führten, stehen natürlich (hauptsächlich) nur diejenigen in den Registern, die auch zu dieser Konfession gehörten. Das bedeutet also für Sie, dass Sie über die Glaubensrichtung ihrer Ahnen informiert sein sollten.

TIPP: *Wenn Sie die Religionsgemeinschaft Ihrer Vorfahren nicht kennen, sehen Sie sich den Landstrich aus dieser Zeit genauer an. Meist gehörten die Menschen einer Region auch einer bestimmten Religion – oft der ihrer Landesherren – an.*

Achtung: Soldaten, Andersgläubige, Mitglieder einer fürstlichen Residenz oder von Universitäten stehen zumeist in eigens für sie angelegten Kirchenbüchern!
(Siehe: Andere Verzeichnisse.)

Auszug aus dem Geburts- u. Taufregister

der evangelischen Kirchengemeinde Lüdenscheid.

Jahrgang 1780, Nr. 99 ~~Stadt~~ - Land.

---

1. Name des Kindes: Herm. Died. Spelzberg,
2. Geburtstag des Kindes: nicht vermerkt,
3. Tauftag des Kindes: 3. November 1780,
4. Name des Vaters: Pet. Wilh. Spelzberg, zu Grossen Dreschied,
5. Name der Mutter: Anna Elis. Neuhaus,
6. Taufzeugen: Herm. Died. Spelzberg, Herm. Died. Föres.

Lüdenscheid, den 21. Juli 1943

Evangelisches Gemeindeamt

J.A.: Schröder

Gebühr 0.60 RM
~~Gebührenfrei~~
(Nichtzutreffendes ist zu durchstreichen)

H/0585

Fordern Sie eine Auskunft über Taufdaten in einer Pfarrei an, erhalten Sie einen Auszug oder eine Kopie des Eintrags. Kirchenbücher gelten als wertvolle Kulturgüter und dürfen nicht entliehen werden.

Evangelische Kirchengemeinde
Lüdenscheid

Auszug aus dem Trauregister.

Nach Ausweis unseres Kirchenbuches von Lüdenscheid-Stadt – Land „Aufgebotene und Getraute"
Jahrgang 1812, Nr. 97 Seite wird hiermit bescheinigt, daß der

Herrn Died. Spelzberg,

Konfession: evang.   Alter: nicht vermerkt,

Sohn der Eheleute: verstorb. Peter Wilh. Spelzberg,

Name der Mutter nicht vermerkt,

in zu Grossdrescheid,

mit

Maria Cath. Herzog,

Konfession: evang.   Alter: nicht vermerkt,

Tochter der Eheleute: Peter Herzog,

Name der Mutter nicht vermerkt,

in zu Winkeln im K. Hülscheid,

am 1812 dimittirt

vor dem evangelischen Pfarrer:

zu Lüdenscheid-Land die Ehe geschlossen hat.

Lüdenscheid, den 21. Juli 1943

Gebühr 0.60 RM
~~Gebührenfrei~~
(Nichtzutreffendes ist
zu durchstreichen)

Evangelisches Gemeindeamt
Schröder

Auszug aus einem Trauregister von 1812 des Pfarramts der evangelischen Kirchengemeinde Lüdenscheid.

Auszug aus dem Trauregister

der evangelischen Pfarrkirche *Wansdorf* in *Wansdorf*

Jahrgang 1852 Seite —— Nr. 1

Alle für die Abstammung wichtigen Angaben, die in dem vorbezeichneten Eintrag enthalten sind, müssen wiedergegeben werden; auf andere Einträge darf jedoch zur Ausfüllung nicht zurückgegriffen werden.

Bräutigam:
- Name, Vornamen: Rep, Friedrich Wilhelm
- Familienstand: unverehelicht
- Religion: evang.
- Beruf: Schmiedemeister und Büdner
- Alter: 30 Jahre alt
- Geburtsort: ——
- Wohnung usw.: Wansdorf

Trautag: 4. Januar 1852

Braut:
- Geburtsname, Vornamen: Güttlich, Sophia Louise
- Familienstand: unverehelicht
- Religion: evang.
- Beruf: ——
- Alter: 23 Jahre alt
- Geburtsort: ——
- Wohnung usw.: ——

Eltern des Bräutigams:
- Vater: Name, Vornamen: Rep, Christoph Friedrich — Beruf: Schmied u. Büdner
- Mutter: Geburtsname, Vornamen: nicht vermerkt
- Wohnort der Eltern: Wansdorf
- Sonstige Angaben, z. B. ob verstorben usw.: Vater †, die Mutter hat eingewilligt.

Eltern der Braut:
- Vater: Name, Vornamen: Güttlich, Siegmund Ludwig — Beruf: Arbeitsmann
- Mutter: Geburtsname, Vornamen: nicht vermerkt
- Wohnort der Eltern: Wansdorf
- Sonstige Angaben, z. B. ob verstorben usw.: der Vater hat eingewilligt.

Sonstige für die Abstammung wichtige Angaben: ——

Wansdorf, den 12ten November 1937

(Stempel) Das evangelische Pfarramt

Gebühr 0.60 Rm. / Gebührenfrei

Auszug aus dem Trauregister von 1852 des Pfarramts der evangelischen Kirchengemeinde Wansdorf.

> Das vorige Kirchenbuch von Wansdorf ist bei einem Brande am 5. April 1716 „im Feuer geblieben".

Greuel Thomas Kossät	Töns (Jens) Katharina aus Bötzow		
Greuel, Christoph Kossät × 18.12.1649 ∞ ? † 26.2.1736 Wansdorf (87 J.) ∞ 7.5.1677 in	Bohm, Catharina ∞ 1652 Schwante † 22.5.1733 Wansdorf (80 J.) Wansdorf	Mortlos (Mortla) Samuel, Kossät und Teerbrenner Beerdigt: 27.2.1719 Wansdorf	Namen nicht vermerkt Beerdigt: 27.2.1719 Wansdorf
Greuel, Joachim × 1678 im April in Wansdorf † 10.11.1751 Wansdorf (73 J.) ∞ ... 1704		Mortlos, Anna Elisabeth × ? † 30.2.1744 Wansdorf (56 J.) Wansdorf.	
Greuel, Anna Elisabeth, ∞ 19. Juni 1719 Wansdorf (später auch Gericke genannt.)		Die Richtigkeit bescheinigt W. Walff, Kirchenbuchführer	

Zahlreiche Kirchenbücher gingen durch Kriege oder – wie hier – durch Brände verloren. Die Aufschrift dieses Auszugs lautet: „Das vorige Kirchenbuch von Wansdorf ist bei einem Brande am 5. April 1716 ‚im Feuer geblieben'."

Ist Ihnen bekannt, in welchem Dorf Ihr Vorfahre geboren wurde, sollten Sie sich an das dort zuständige Pfarramt wenden. Auch wenn Ihnen die Konfession nicht bekannt sein sollte, ist es ratsam, sich mit dem dortigen Pfarrer in Verbindung zu setzen. Denn: Nachsehen im Kirchenbuch vor Ort lohnt sich fast immer! Oftmals wurden in den gängigen Kirchenbüchern der Region auch Daten von Angehörigen anderer Konfessionen aufgenommen, da es dort keine eigene Gemeinde gab. Außerdem gehörten häufig die Menschen einer Gegend auch der gleichen Konfession an.

Um das Kirchenbuch oder die Pfarrei herauszufinden, das oder die Ihre Ahnen verzeichnete, ermitteln Sie die Bestände der Kirchenbücher am besten bei einem Besuch in der Bibliothek:
◆ Bei evangelischer Konfession suchen Sie in folgenden Büchern:
„Die zentralen Archive in der evangelischen Kirche" oder
„Verzeichnis der deutschen evangelischen Kirchen", das die jeweilige Landeskirche herausgibt.
Auch das Archiv der jeweiligen Landeskirche hilft weiter.

In älteren Kirchenregistern stehen die Aufzeichnungen in alter deutscher Schreibschrift, der von dem Berliner Grafiker Ludwig Sütterlin (1865-1917) entworfenen und nach ihm benannten Sütterlinschrift. Diese Abschrift trägt die Geburts- und Sterbedaten der Großeltern, Urgroßeltern und Ururgroßeltern.

◆ Bei katholischer Konfession ist das Generalvikariat der jeweiligen Diözese zuständig. Die entsprechende Diözese finden Sie im „Adressbuch für die katholischen Kirchen Deutschlands", das jedes Jahr neu erscheint.

Es ist aber auch möglich, einfach im Telefonbuch nachzuschauen und die Gemeinde vor Ort anzurufen. Erfragen Sie in einem Gespräch:
◆ ob Kirchenbücher vorhanden sind und ab wann sie geführt wurden,
◆ ob und gegebenenfalls wann Sie selbst in die Kirchenbücher einsehen dürfen,
◆ ob es Personen gibt, die in den Kirchenbüchern forschen und Ihnen helfen können,
◆ ob Verkartungen von Kirchenbüchern und daraus Ortssippen- bzw. -familienbücher (siehe: Andere Verzeichnisse) existieren.

Falls Sie aufgrund zeitlicher oder räumlicher Bedingungen nicht selbst in den Kirchenbüchern nachsehen können oder dürfen, schreiben Sie an das betreffende Pfarramt, aber bitte nicht kurz vor kirchlichen Feiertagen, denn dann herrscht dort Hochbetrieb. Legen Sie einen frankierten Rückumschlag bei und erwähnen Sie unbedingt, dass Sie die Kosten bis zu einer bestimmten Höhe übernehmen. Die Antwort kann allerdings einige Zeit auf sich warten lassen, da Pfarrämter primär andere Aufgaben erledigen.

ANSCHREIBEN AN DAS PFARRAMT:

Ihr Name   *Datum*
Ihre Adresse

Anschrift

Sehr geehrter Herr Pfarrer,
sehr geehrte Frau Pfarrerin (evangelische Kirche),

bei der Recherche meiner Familiengeschichte bin ich auf Ihre Gemeinde getroffen. Hier lebte nach meinen Erkundungen (Name der gesuchten Person), geboren am (Geburtstag) in (Geburtsort), mein/e (Verwandtschaftsgrad), zu der/dem ich nun nähere Angaben benötige.
Ich möchte Sie bitten, mir einen vollständigen Auszug über diesen Vorfahren aus dem Geburtenregister der Pfarrei zuzusenden.

Ich würde mich auch sehr freuen, wenn Sie mir zusätzlich Auszüge über Geburt, Heirat oder Tod seiner Eltern anfertigten, die am selben Ort gewohnt haben sollen.

Zur Begleichung anfallender Gebühren lege ich 20,00 Euro bei. Sollten Ihnen weitere Auslagen entstehen, so bitte ich Sie, mir dies mitzuteilen.

Vielen Dank im Voraus.

Mit freundlichen Grüßen

Unterschrift
Ihr Name

Antwort vom Pfarramt

Nach der Anfrage beim Pfarramt Ihrer Wahl müssen Sie mit unterschiedlichen Antworten rechnen:

1. Das Pfarramt reagiert nicht.
Probieren Sie es noch einmal sehr höflich, vielleicht ist das Pfarramt nur überlastet. Reagiert es wieder nicht, wenden Sie sich an die zuständige Landeskirche und deren Archiv. Dort lagern manchmal Duplikate. Aber das Kopieren kostet Geld. Informieren Sie sich vorher über die Gebühren.

2. Das Pfarramt teilt mit, dass es die Urkunden nicht selbst suchen kann und bietet Ihnen die persönliche Recherche an.
Lassen Sie sich einen Termin geben. Bei der Recherche vor Ort treffen Sie bestimmt auf weitere Verwandte!

3. Das Pfarramt schreibt, dass sich die Kirchenbücher in den Archiven der Landeskirche oder des zuständigen Bistums befinden.
Wenden Sie sich an das angegebene Archiv.

4. Das Pfarramt schickt Ihnen eine Kopie der Eintragungen oder teilt Ihnen die Daten mit.
Jetzt können Sie weiter forschen. Doch zunächst müssen Sie die Eintragung auf der Kopie entziffern.

5. Sie erhalten die Nachricht, dass die Kirchenbücher durch Katastrophen oder Kriege vernichtet worden sind.
Ein toter Punkt ist erreicht. Suchen Sie andere Wege.

Sie recherchieren selbst im Kirchenbuch

Haben Sie die Erlaubnis erhalten, dass Sie vor Ort recherchieren dürfen, dann sollten Sie vor allem Zeit einplanen.

Besonders hilfreich sind die Register in den Kirchenbüchern, die etwa ab dem Jahr 1830 beginnen. Manchmal werden die Register nicht im Pfarramt, sondern bei anderen Archiven gelagert. Informieren Sie sich darüber.

Anhand der Register suchen Sie nun nach der Geburt. Notieren Sie sich auch die Geschwister Ihrer Vorfahren, da diese bei eventueller Recherche vonnöten sein können. Die Geburt ist mit dem Sakrament der Taufe im Kirchenbuch verzeichnet. Handelt es sich um das erste Kind, liegt die Hochzeit der Eltern etwa ein Jahr zurück. Suchen Sie nun nach der Hochzeitseintragung und notieren Sie sich die Namen, Geburtsdaten und den Ort, falls vorhanden.

Auch das Begräbnis der Eltern erfahren Sie im dazugehörigen Register. Im Kirchenbuch finden Sie den Sterbe- und Begräbnistag, oft auch die Todesursache und das genaue Alter. Anhand der Altersangabe ist es nun möglich, das Geburtsdatum zu errechnen. Falls Sie das Taufsakrament nicht zum errechneten Zeitpunkt in den Unterlagen finden, hat sich entweder der Kirchenbuchführer in der Zeit vertan – oder Ihr Vorfahre stammt aus einem anderen Ort. Vielleicht geben ja die Taufpaten des Kindes einen Hinweis, woher die Eltern kommen.

Versuchen Sie von den Originalen Kopien anzufertigen. Allerdings gestatten dies nicht alle Landeskirchen. Schreiben Sie in diesem Fall alle Daten per Hand ab.

In manchen Pfarrämtern finden sich neben den gängigen Registern über Taufe, Hochzeit und Beerdigung durchaus andere Verzeichnisse wie etwa:
Familienregister, Läutebücher mit Daten über das Kirchengeläute bei besonders festlichen oder großen Anlässen, Verzeichnisse über Abendmahlsgäste, Firmlinge, Seelen-Gedächtnismessen, Konvertiten, Begräbnisplatz oder Kirchenstuhlregister. Außerdem sind je nach Konfession Konfirmations-, Kommunions- und Firmbücher vorhanden.
Schürfen Sie hier gründlich nach weiteren Informationen und suchen Sie Hintergrundwissen für Ihre Familienchronik heraus.

LATEIN UND DEUTSCH

Die Eintragungen in den Kirchenbüchern sind für viele Interessierte mit erheblichen Schriftbarrieren ausgestattet. Die Eintragungen aus früherer Zeit stehen ausschließlich in der kirchlichen Amtssprache Latein im Buch. Diese Anordnung galt in der katholischen Kirche bis ins Jahr 1840 und bedeutet, dass Sie einige Lateinkenntnisse benötigen, um die Anmerkungen zu übersetzen. Einige Jahrhunderte früher war es sogar modern, die Familiennamen ins Lateinische zu übertragen, manchmal direkt, manchmal nur mit einer lateinischen Silbenanhängung. (Siehe: Lateinisches Lexikon der wichtigsten Begriffe im Anhang.)

Später wurde in deutscher Schreibschrift geschrieben. Es ist ratsam, das Alphabet der deutschen Schrift zu lernen oder als Übersicht mit sich zu tragen. Genealogische Fachverlage bieten auch diverse Tabellen und Sammlungen sowie Übersetzungshilfen an.

Trotzdem finden sich auch später noch die Monatsbezeichnungen
7ber/7b/7br = septem, sieben = Monat September
8ber/8b/8br = octo, acht = Monat Oktober
9ber/9b/9br = novem, neun = Monat November
10ber/10b/10br = decem, zehn = Monat Dezember

Diese Zahlen stehen für die alten lateinischen Monatsbezeichnungen, bei denen das Jahr am 1. März begann und folglich der September (7ber) der siebte Monat im Jahr war. Nach der Kalenderumstellung blieb die Bezeichnung für den September (lateinischer Name 7ber/Septem) erhalten. Die Zahlen bezeich-

Tabelle mit den wichtigsten lateinischen Bezeichnungen (ausführlich im Anhang).

KLEINES KIRCHENBUCH-LATEIN

affinis	Schwager oder Schwiegersohn	nutrix	Amme
		patrius	Pate
avia	Großmutter	proclamati	die Aufgebotenen
avus	Großvater	renatus	getauft
copulatio	Trauung	sepultus	bestattet, beerdigt
defunctus	gestorben	spurius	unehelich
maritus	Ehemann	vidua	Witwe
natus filia	geborene Tochter von	viduus	Witwer
natus filius	geborener Sohn von	vitricius	Stiefvater

Eintragung in deutscher Schreibschrift.

nen also nicht unbedingt die Monate Juli bis Oktober, wie heute üblich.

Wenn Sie in einem Kirchenregister den Namen eines Ahnen finden, so treffen Sie vielleicht in den Büchern der benachbarten Gemeinden auf den Namen seiner Ehefrau oder andere Verwandte. Bis vor wenigen Jahrzehnten war es nämlich weniger möglich und auch gebräuchlich, den Ehepartner oder die Partnerin in der Ferne zu suchen. Eventuell werden Sie ja bereits in den zeitlich und örtlich nahe liegenden Aufzeichnungen fündig.

TIPP: *Die Eheschließung fand – der Gewohnheit entsprechend – am Wohnort der Braut statt.*
Bei unvollständigen Daten helfen Statistiken: Früher war es üblich, dass die Neugeborenen bereits etwa nach einer Woche die christliche Taufe erhielten. Das Heiratsalter lag bei Frauen vor dem 23. und bei Männern vor dem 25. Lebensjahr.

Auch die Schreibweise des Namens kann von Eintragung zu Eintragung stark variieren. Einerseits war die Zahl der Schreibunkundigen in früheren Jahrhunderten sehr hoch, andererseits gab es noch keine einheitliche Schreibweise in Deutschland. Erst Anfang des 20. Jahrhunderts führten die Behörden eine generelle Regelung ein. Bis dahin war es durchaus verbreitet, einen Namen frei nach Gehör, Dialekt und Aussprache zu schreiben. Wechselte der zuständige Pfarrer oder Kirchenbuchführer, wechselte auch häufig die Schreibweise zahlreicher ansässiger Namen. Leider ging rund die Hälfte aller Urkunden vor 1800 in den nachfolgenden Kriegen verloren, so dass Sie bei Ihren Erkundungen öfter auf „schwarze Löcher" treffen werden, als Ihnen lieb sein wird.

Kennen Sie das Begräbnisdatum, Alter und den Wohnort eines Ihrer Verwandten, ist es hilfreich, zum Zeitpunkt seiner Geburt in den Nachbargemeinden zu forschen. Wie gesagt: Die Mobilität der Menschen in den vergangenen Jahrhunderten hielt sich in der Regel in örtlichen Grenzen.

Falls Ihre Verwandten aus anderen Teilen Europas stammen, dann stehen Sie vor weit größeren Sprachproblemen. Wenden Sie sich dann bitte an Experten, forschen Sie in speziellen Nachschlagewerken, die Sie in großen Bibliotheken finden.

KLEINE AUSWAHL VON GLAUBENSGEMEINSCHAFTEN

Nicht immer haben die Vorfahren der Glaubensgemeinschaft angehört, die an ihrem Wohnort verbreitet war. Durch Umzüge, Kriege, Vertreibungen und andere Schicksalsschläge, die Menschen dazu zwangen, in fremden Gegenden zu siedeln, lebten religiöse Minderheiten inmitten von anderen kirchlichen Gemeinden.

◆ Neben den großen Landeskirchen, die sich in katholische und evangelische Konfession aufteilen, gibt es noch eine Reihe anderer Glaubensgemeinden.
Die evangelische Kirche teilt sich in lutherische und reformierte Zweige, die getrennte Kirchenbücher führen, ebenso die religiösen Minderheiten wie etwa die Mennoniten (Wiedertäufer) oder die Herrnhuter Brüder. Bei den Mennoniten waren außerdem Spättaufen im Erwachsenenalter üblich.

◆ Orthodoxe Gemeinden entstanden während des 19. Jahrhunderts. Vorfahren stammen meist aus östlich gelegenen Ländern wie Russland.

◆ Exulantengemeinden wie die Hugenotten oder die Böhmischen Brüder führten ihre Kirchenbücher in der Sprache des Herkunftslandes.

Familien der Diaspora, der vornehmen jüdischen Schicht, legten genealogische Ahnentafeln an. Dieser Jichusbrief konnte vererbt oder bei Hochzeit weitergegeben werden und stellte einen gewissen Wert dar. (Stich von 1879)

Der Naturforscher Alexander von Humboldt begründete die neuen Wissenszweige Pflanzengeographie, Vulkanismus und Erdmagnetismus. Wie sein Bruder, Wilhelm von Humboldt, Begründer der Berliner Universität, sind Gelehrte in den Kirchenbüchern der Universität verzeichnet.

◆ Im Jahre 1871, also wenige Jahre vor der Einführung der gesetzlichen Dokumentationspflicht durch das Standesamt, trennten sich aus Glaubensgründen die Altkatholiken von der Katholischen Kirche ab und führten ihre eigenen Kirchenbücher.

◆ In den jüdischen Gemeinden war es bis 1800 üblich, die Familiennamen zu wechseln. Die in jüdischen Registern geführten Verzeichnisse über Beschneidungen, Heirat und Beerdigungen sind also nicht verbindlich. Dokumentationssprache der Listen ist hebräisch. Zu dieser Zeit legten auch die Kirchenbuchführer auf Anordnung des Staates gesonderte Register über jüdische Gläubige an, die im Ort wohnten. Die Unterlagen wurden nach dem Krieg dem Staat Israel übergeben und sind heute im jüdischen Zentralarchiv in Jerusalem einzusehen.

◆ Zahlreiche freireligiöse Gruppen führten ihre eigenen Mitgliederverzeichnisse mit entsprechenden Daten über religiöse Riten.

◆ Auch atheistische Verbände führten Buch über ihre Mitglieder.

◆ Im Militär war es üblich, eigene Militärkirchenbücher über Mitglieder der jeweiligen Truppe anzulegen. Hierfür gibt es spezielle Verzeichnisse, die auch bei genealogischen Verbänden zu erfragen sind.

◆ Alle fürstlichen Residenzen legten über den engeren und weiteren Hofstaat sowie über die Mitglieder adeliger Familien eigene Kirchenbücher an.

◆ Universitätsgemeinden besaßen ebenfalls besondere Aufzeichnungsakten.

Achtung: Stehen die Eintragungen auf dem Kopf, handelt es sich um unehelich geborene oder Findelkinder, Selbstmörder, Ketzer, Hingerichtete oder andere Menschen, die nicht ins religiöse Bild passten und so gekennzeichnet wurden.

Das Kirchenarchiv

Falls Pfarrämter oder Dekanate die Anfrage nicht beantworten, stehen die landeskirchlichen Archivverwaltungen zur Verfügung. Sie besitzen häufig Kopien des Registers aus dem Pfarramt oder können auf vorhandene Duplikate, Filme und Karteien verweisen. Die Anschrift der Verwaltung des Kirchenarchivs stimmt in den meisten Fällen mit der des zuständigen Landeskirchenamts oder der Diözeseverwaltung überein. (Siehe: „Die wichtigsten Archivadressen in Deutschland".) Kirchenbücher stehen unter Schriftdenkmalschutz und müssen als so genannte Kulturgüter sorgsam behandelt werden. Dazu gehört auch die Sicherheitsverfilmung, die vor allem in großen Archiven angelegt wurde und die Suche wesentlich erleichtert.

Denken Sie bitte bei Ihrem Anschreiben daran, dass die Aufgabe eines Archivs nicht die Dokumentation Ihrer Familiengeschichte ist. Die dort tätigen Personen arbeiten an wissenschaftlichen Untersuchungen und forschen auf zahlreichen Gebieten. Es kann also einige Zeit in Anspruch nehmen, ehe Sie Antwort auf Ihr Schreiben erhalten. Haben Sie dafür Verständnis.

Durchaus hilfreich ist es auch, am Archivort tätige Genealogen um Hilfe zu bitten, da sie oftmals aus ihren Unterlagen Auskunft erteilen können.
In zahlreichen Archiven können Sie selbst suchen. Hier stehen elektronische Lesegeräte für die Benutzer bereit.
Die größte Sammlung genealogischer Daten aus Kirchenbüchern befindet sich in der Bibliothek der Mormonen. Im Zentralarchiv in Utah lagern die verfilmten Dokumente von etwa 2 Milliarden Verstorbenen. In jeder der weltweit 3500 Zweigstellen können Sie per Mikrofilm die Archivbestände durchsuchen, die sich nicht nur auf Daten aus deutschen Regionen beschränken, sondern aus bis zu 90 Ländern stammen. Der einfachste Zugang erfolgt über das Internet. Finden Sie unter „www.familysearch.com" Ihren Vorfahren, können Sie sich zur Einsicht ins Archiv anmelden und dann die Originalunterlagen per Mikrofilm lesen. Bedenken Sie, dass dabei auch Kosten anfallen.

Bereiten Sie sich gründlich auf die Archivarbeit vor, nehmen Sie Ihr Frageblatt zu jeder Person (siehe Kapitel 2) mit ins Archiv.

In den Archiven der Landeskirchen lagern die Duplikate der Kirchenregister eines jeden einzelnen Kirchspiels. Die handschriftlichen Eintragungen sind heute größtenteils verfilmt und mit einem Index versehen.

ANSCHREIBEN AN DAS KIRCHENARCHIV:

Ihr Name   Datum

Ihre Adresse

Sehr geehrte Damen und Herren,

zur Vervollständigung meiner Familiengeschichte benötige ich nähere amtliche Angaben über die Familie des/der (Name der gesuchten Person), geboren am (Geburtsdatum) in (Geburtsort).

Ich möchte Sie bitten, mir einen vollständigen Auszug aus Ihrem Geburts-/ Heirats-/ Sterberegister zur vorstehend genannten Person zu übersenden.

Sollte es Ihnen möglich sein, mir ebenfalls Auszüge über Geburt, Heirat oder Tod seiner/ihrer Eltern anzufertigen, die im gleichen Ort gewohnt haben sollen, so wäre ich Ihnen sehr dankbar.

Zur Deckung Ihrer Gebühren lege ich 20 Euro bei. Sollten Ihnen weitere Auslagen entstehen, so bitte ich Sie, mir dies mitzuteilen.

Vielen Dank im Voraus.

Mit freundlichen Grüßen

Unterschrift

Ihr Name

3. ANDERE VERZEICHNISSE

ADRESSBÜCHER UND MELDEREGISTER

Ab Beginn des 18. Jahrhunderts legten zahlreiche Orte Adressbücher mit Kalendarien an, in denen sie die Einwohner mit ihren Anschriften verzeichneten. Das Kalendarium spaltete sich bald vom Adressteil ab und erschien separat. Seit dem 19. Jahrhundert führte dann fast jede Stadt ihr jährlich aktualisiertes Adressbuch. Auf dem Land und in dünner besiedelten Regionen erschienen die Publikationen erst ab dem 20. Jahrhundert. Einlesen können Sie sich in diese hilfreichen Adressbücher meist in den Stadtbüchereien und Stadtarchiven. Die Bücher sind dann interessant, wenn eine Person an keinen standesamtlichen oder kirchlichen Handlungen teilgenommen hat. Auch Umzügen kommen Sie mit Adressbüchern auf die Spur, da zugezogene Personen innerhalb eines Jahres hierin erschienen sind. Neben Straßen und Hausnummern werden Berufsbezeichnungen, Titel, militärische Ränge, Geschäftsanzeigen und Gewerbetreibende genannt.

Personen der unteren Gesellschaftsschichten sind in den älteren Adressbüchern nicht verzeichnet!

TIPP: *Steht ein Name plötzlich nicht mehr im Adressbuch, so ist die Person wahrscheinlich im Jahr zuvor gestorben. Treffen Sie auf einen Frauennamen in einem (älteren) Adressbuch, handelt es sich mit großer Sicherheit um eine Witwe, seltener auch um eine verheiratete Frau.*

Ab dem 18. Jahrhundert führten die Polizeidienststellen das Einwohnermelderegister ein. Hierin wurden die Zu- und Fortzüge registriert, um genaue Kenntnis über die Einwohnerzahlen zu erhalten.
Finden Sie also in den Kirchenbüchern und Standesämtern keine Hinweise auf Verbleib oder Herkunft einer Person, lohnt es sich, um Einsicht in die Einwohnermelderegister einer Stadt zu ersuchen. Aus datenrechtlichen Gründen können Sie aber nur in ältere Akten einsehen.

Der Familienbogen des Malers Karl Spitzweg, geboren am 5. Februar 1808 in München.

Urkunde über die Verleihung des Bürger- und Heimatrechtes an Herrn Karl Kamm, Wagnergehilfe, im Jahre 1898 durch die Residenzstadt München.

BÜRGERBÜCHER

Bis zu ihrer Abschaffung Mitte des 19. Jahrhunderts spielten die Bürgerbücher eine große Rolle in der Dokumentierung des Bürgerrechts und der hier lebenden Bürger. In den Matrikeln sind ausschließlich Bürgersöhne und Neubürger aufgeführt, die um Eingang in den Bürgerstatus baten. In den Genuss des Bürgerrechts gelangten allein Männer, die entweder aus einer bestehenden Bürgerfamilie kamen oder sich neu bewarben. Um ein Gewerbe ausführen zu können oder ein Amt zu bekleiden, war das Bürgerrecht allerdings die Voraussetzung. Dazu mussten Neubewerber die Urkunde ihrer ehelichen Geburt mit dem Geburtsbrief ihres Heimatortes vorweisen, aus einem christlichen Elternhaus kommen und ein ehrliches Gewerbe führen. Zeitweise war auch Grundbesitz in der Stadt vonnöten, um in die Riege der Bürger aufzusteigen. Der Bewerber entrichtete sein Bürgergeld und leistete den Bürgereid, indem er sich zur Treue gegenüber der Obrigkeit und zur Verteidigung der Stadt verpflichtete. Mit dem Bürgerrecht konnte dieser standesgemäß heiraten, einen Hausstand gründen und sich als Handwerker niederlassen. In einer Stadt lebten neben den Bürgern (cives) auch die Einwohner ohne Bürgerrecht (incolae), Mieter und Hausgenossen, Schutzverwandte und Halbbürger – und natürlich Frauen.

Im Bürgerbuch oder der Bürgerrolle sind die Aufnahmeverfahren teilweise sehr ausführlich beschrieben. Neben dem Bewerber werden dessen Eltern, Zeugen und Bürgen benannt, die für weitere Forschungen sehr hilfreich sein können. Falls im Stadtarchiv Bürgerbücher vorhanden sind, finden sich oftmals auch Ratsprotokolle und Rechnungen, die vor allem bei intensiver Suche Aufschluss geben können.

Mitte des 19. Jahrhunderts wandelte sich per Gesetz die Bürgerschaft in die Einwohnergemeinde: Aus Stadtbürgern wurden ab sofort Staatsbürger. Heute sind vom Brauch der Bürgerbücher die Verzeichnisse übrig geblieben, in denen sich die Ehrenbürger einer Stadt – meist mit großem Zeremoniell – eintragen.

Universitätsmatrikel

Im 14. Jahrhundert entstanden die ersten Universitäten in Deutschland. Im Archiv jeder Universität befinden sich die Matricula, die offiziellen Register, in denen diejenigen Personen – von den Lehrenden über die Studierenden bis zu den Angestellten – stehen, die einer solchen wissenschaftlichen Lehranstalt angehörten. Durch die Universitätszugehörigkeit kamen vor allem die Dozenten und Studenten in den Genuss einiger Vorteile wie die Befreiung von der weltlichen Gerichtsbarkeit oder die Freistellung von Steuern. Die ersten Universitäten gliederten sich in die vier Hauptfakultäten Theologie, Jura, Philosophie und Medizin. Kamen die Studenten aus unterschiedlichen Nationen, wurden die Matrikel entsprechend ihrer Landeszugehörigkeit geführt. Neben den Hauptmatrikeln gibt es auch die so genannten Nebenmatrikel: Promotionsmatrikel und Graduiertenverzeichnisse.

Bis Mitte des 18. Jahrhunderts wurden in lateinischer Sprache verzeichnet:
Name und Geburtsdatum oder das Alter des Studenten,
der Herkunftsort,
das Land,
die zuvor besuchten Universitäten und Schulen,
der Stand des Vaters,
die Vermögensverhältnisse,
die Wohnung am Studienort
und der Zeitpunkt der Exmatrikulation.

Universitätsgebäude von Göttingen, Stahlstich von 1845. In den Universitätsmatrikeln sind die Studenten (ab 1900 auch Studentinnen) und Dozenten der einzelnen Fakultäten katalogisiert.

In den Bibliotheken finden sich zahlreiche Verzeichnisse von Hochschulen mit Matrikeln, die zum Teil alphabetisch oder nach Jahren geordnet und auch gedruckt sind.

Dorf- und Ortssippenbücher/ Ortsfamilienbücher

Im Jahre 1937 begann in einigen Teilen Deutschlands unter Aufsicht des Rassenpolitischen Amtes der NSDAP die Verkartung der dörflichen Kirchenbücher. Im nationalsozialistischen Regime dienten sie dazu, Familien betreffender Kirchengemeinden und Dörfer in den Dorfsippenbüchern einander zuzuordnen – und somit die NS-Ahnenforschung zu ermöglichen. Eigentlich sollten mehrere tausend Bücher zusammengestellt werden, bis zum Ende des Krieges schafften die Nationalsozialisten dreißig. Nach 1945 widmeten sich genealogische Arbeitsgemeinschaften, die Zentralstelle für Personengeschichte und weitere Forschungseinrichtungen, die sich mit Familienforschung, historischer Demographie und Sozialforschung beschäftigten, der Kirchenbuchverkartung. Die daraus entstandenen Sammelbände werden als Ortsfamilienbücher bezeichnet. Die Nachschlagewerke können sehr aufschlussreich sein, wenn Ihnen die Familie Ihrer Vorfahren, die Kirchengemeinde und die Zeit, in der sie in dieser Gegend lebten, bekannt sind. Spezialbibliographien, insbesondere die der Deutschen Zentralstelle für Genealogie in Leipzig, listen die vorhandenen Ortsfamilienbücher ausführlich auf.

Graduierungen und Amnestien

In einigen Verzeichnissen wurden Standeserhöhungen und Gnadenakte der Deutschen Landesfürsten aufgezeichnet. Heute gibt es einige Nachschlagewerke, die diese lokal und chronologisch geordnet dokumentieren.

Sammlungen von Leichenpredigten

Bei einem toten Punkt können die Personalschriften mit Leichenpredigten behilflich sein. Die meist mit Registern ausgestatteten Verzeichnisse liefern nicht nur Namen, sondern oftmals auch wertvolle Daten.
In der Deutschen Zentralstelle für Genealogie in Leipzig gibt es einen Gesamtkatalog deutscher Personalschriften- und Leichenpredigtsammlungen. Aber auch andere Verzeichnisse enthalten Leichenpredigten, etwa wie die für Ostdeutsche in den Frankeschen Stiftungen in Halle/Saale. Wenden Sie sich am besten an einen genealogischen Verein, der Sie über die Adressen und Kataloge informieren kann.

Heimatsorts-Karteien

Vertreibungen aus angestammten Gebieten, vor allem aus der Zeit des Zweiten Weltkriegs, beinhalten die Heimatsorts-Karteien. Etwa 17 Millionen Deutsche sind hier aufgezeichnet. Setzen Sie sich mit Ihrem genealogischen Verein in Verbindung, der Sie über die Adressenlisten informieren kann.

Grundbuch

Liegt ein begründetes Interesse vor, darf jede Person in das Grundbuch einsehen. Ahnenforschung gilt als berechtigtes Interesse, so dass Sie Einblick erhalten, allerdings nur in Daten, bei denen das Persönlichkeitsrecht nicht beeinflusst ist, das heißt der Datenschutz beachtet wird.

4. Lokalzeitungen und Chroniken

Lokalzeitungen

Das Archiv einer Lokalzeitung kann einen großen Fundus an wissenswertem Material über Ihre Vorfahren liefern. Zuallererst sind die Geburts- und Todesanzeigen interessant. Früher war es üblich, die Geburt eines Kindes in der Zeitung per Anzeige mitzuteilen. In der Anzeige standen der Name des Kindes und Geburtsdatum sowie die Namen – und auch oft Berufe – des Vaters oder der Eltern. Auch die Todesanzeigen tragen den Namen, Geburtsdatum und -ort des oder der Verstorbenen sowie die Namen und manchmal Wohnorte der Hinterbliebenen. Im Wirtschaftsteil und Lokalteil finden sich ebenfalls interessante Daten über das Geschäfts- und auch Privatleben der Bewohner. Da diese früher weniger mobil und die Ortschaften außerdem wesentlich kleiner waren, steigt die Chance, über die Vorfahren etwas in den Lokalzeitungen zu lesen.

Die Zeitungen sind nach Jahrgang geordnet und im Archiv der Lokalredaktion abgeheftet. Größere Zeitungen verfügen über eine Mikroverfilmung und sind nach Suchbegriffen einsehbar.

Viele kleine Ortszeitungen wurden allerdings aufgelöst und einer größeren Zeitung zugeordnet. Nachrichten aus der Region erscheinen dort auf einer Lokalseite. Befindet sich die Zeitung vor Ort, ist es ratsam, mit der Redaktion in Verbindung zu treten und nachzufragen, ob eine persönliche Recherche möglich ist.

Chroniken und Bücher

Zeitungsbände und vor allem Chroniken können auch von den Gemeinden verwaltet werden. Der oder die Heimatpfleger/in oder Museumsverwalter/in weiß Bescheid, wo die Ortschroniken und Zeitungsbände lagern. Bitten Sie schriftlich um einen Termin, denn die Recherche lohnt sich oft. Ab dem 19. Jahrhundert erlebten in einigen Orten die Amtsblätter eine regelrechte Blüte. Diese Mitteilungsblätter enthielten neben Bekanntmachungen und Anordnungen ebenfalls Informationen zu den Personen. Auch Sonderausgaben zu bestimmten Themen wie Vereinsjubiläen oder Schuleinweihungen erschienen innerhalb der Ortschroniken. Sie können interessantes Lese- und mit großem Glück auch Bildmaterial enthalten. Die Amtsblätter in örtlichen Archiven besitzen teilweise sogar zugeordnete Namensregister, die das Sondieren wesentlich erleichtern.

Auch die ortsansässigen Lehrer oder Bürgermeister führten in der Vergangenheit rege Buch über Ereignisse wie Baumaßnahmen, Ämterwechsel, Kriege oder das Wetter. Vereine, Schulen oder Betriebe legten selbstverständlich ihre eigene, oftmals sogar gebundene Chronik an. Manche Aufzeichnungen bestehen allerdings nur aus gesammelten handschriftlichen Blättern, die an einem sicheren Ort die Zeit überdauerten.

Auch Schriftsteller aus der Region liefern interessantes Material und Einzelheiten, die zum Teil veröffentlicht worden und in den ortsansässigen Bibliotheken zu erhalten sind. Die dort arbeitenden Mitarbeiterinnen und Mitarbeiter kennen sich über vorhandene Bücher aus.

Rechte Seite:
Leipziger „Illustrirte Zeitung" vom 15. August 1863.

Illustrirte Zeitung.

No. 1050.]   Erscheint jeden Sonnabend.   Leipzig, 15. August 1863.   Preis einer Nummer 5 Ngr.   [XLI. Band.

Das Turnen und die Politik.

Für alle, welche am dritten Deutschen Turnfeste theilgenommen haben, dessen herrliche Eindrücke in uns Leipzigern und in allen, die in jenen Feiertagen unsere Gäste waren, noch lange fortleben werden, ist zur Gewißheit geworden, daß der Gedanke des Turnens einen großen Sieg gefeiert hat. Die meisten Regierungen haben den zum Feste eilenden Turnern die Reise zuvorkommend erleichtert und die sächsische zumal hat sie mit Gastlichkeit aufgenommen. Vom Palaste des Königs wehte ihnen die schwarzrothgoldene Fahne entgegen, auf dem Festplatze begrüßte sie der Staatsminister v. Beust im Namen der Regierung, und in der Zeit vor dem Feste, als man ohne Massenquartiere noch nicht auskommen zu können glaubte, stellte der Kriegsminister auf die erste Bitte eine Menge von Decken zur Verfügung. Auf der andern Seite wurde durch das Fest die Befürchtung, daß die Turner sich zu Parteidemonstrationen benutzen lassen könnten, glänzend widerlegt. Kein Mißklang einer Parteitrennung hat die Einigkeit gestört, ein echt deutscher Geist hat mit siegreicher Kraft gewaltet, noch die erfüllend und begeisternd, die anfangs mit Angst vor Ausschreitungen an das Wogen der frischen Jugend herantraten. In diesen unvergeßlichen Augusttagen haben wir uns alle als Deutsche gefühlt, nicht als Kleindeutsche oder als Großdeutsche, oder als Demokraten, Altliberale und Conservative, am wenigsten als Particularisten.

Nach diesem leipziger Feste ist die Hoffnung vollberechtigt, daß die Turnerei ihre bösen Tage hinter sich habe. Nach solcher Erfahrung ist es fast undenkbar, daß das Mißtrauen, mit dem man sie früher betrachtet hat, wieder aufleben könne. Hat doch die Turnerei mit der Parteipolitik, die zu hegen und zu pflegen man sie früher beschuldigte, so wenig zu thun, daß sie diese Politik im Gegentheil von sich abwehren muß, wenn sie sich nicht ihren eigenen Lebenskeim zerstören will. Eine neue Schrift: „Das Verhältniß der Turner und Turnvereine zur Politik von Ludwig Karl Aegidi" (Hamburg, Boyes und Geisler), beweist dies in der überzeugendsten Weise. Der Verfasser erörtert, um ein klares Verständniß zu vermitteln, zunächst das Wesen der Turnerei. Zweck des Turnens ist die Entfaltung der vollen Körperkraft, deren der Mensch fähig ist, und zwar nach den Regeln einer Kunst, die eben das Turnen ist. Man kann seine Körperkraft gebrauchen und stärken, ohne zu turnen, aber nur der Turner hat die Sicherheit im Gebrauch seiner leiblichen Kräfte. Jeder andere ist darin Dilettant, der Turner ist Künstler. Als Kunst hat das Turnen eine geistige Seite, die es, ohne sein eigenes Wesen zu gefährden, nicht verleugnen darf. Soll ihm nicht jede höhere Weihe fehlen, so muß es eine gewisse Richtung nach dem Idealen nehmen und eine harmonische Wechselwirkung von Seele mit seinen Aufgaben rechnen. Der ganze Mensch ist der Gegenstand der Turnkunst, und diese muß im Wege körperlicher Uebungen eine harmonische Wechselwirkung von Seele und Leib in steigender Fülle der Gesundheit beider kunstgerecht fördern. Das sagen schon die vier F im Turnerwahlspruch, die von dem Turner verlangen, daß er frisch, fromm, fröhlich und frei sei. Die Seele wird gleich dadurch in das Turnen hineingezogen, daß es den Menschen den Menschen näher bringt, gemeinschaftlich bildend ist. Jedes Turnen bedingt einen Turnverein, der nie ein bloßer Verband des Lehrers mit den Schülern, sondern eine lebensvolle Genossenschaft sein muß, welche Gemeinsinn, Gesammtgefühl, Brüderlichkeit und Freundschaft weckt. Das Leben im Turnverein ist so zu gestalten, daß nicht blos der Körper an Kraft gewinnt, son-

Das Deutsche Turnfest in Leipzig: Willkommen am Rathhause. Originalzeichnung von C. E. Döpler.

Leipziger „Illustrirte Zeitung" vom 1. August 1863.

Leipziger „Illustrirte Zeitung" vom 8. August 1863.

Private Quellen

Das Familienalbum – eine Fundgrube entdecken

Seit dem vergangenen Jahrhundert ist das Fotografieren für die meisten Menschen bezahlbar. Aus diesem Grund entstanden während der wichtigsten festlichen Anlässe zahlreiche Fotos, die in den Alben oder den Bilderrahmen fast jeder Familie zu finden sind.

Konnten sich in der Vergangenheit nur adelige oder reiche Bürger in Öl porträtieren und somit für die Zukunft verewigen lassen, löste die Fotografie die elitäre Abbildung ab. Das Foto als Dokument hielt Einzug in fast alle Bevölkerungsschichten. Bereits ab Ende des 19. Jahrhunderts erstellten Fotografen mit der klappbaren Balgenkamera und den Plattenwechselmagazinen oder den kastenförmigen Rollfilmkameras die typischen Hochzeits- und Familienfotos, wie sie heute in bräunlicher Färbung von der Vergangenheit erzählen. Später setzten sich die Spiegelreflexkamera und auch die Kleinbildkamera durch. Heute werden unzählige Fotos von Geburtstagen, Hochzeiten, Weihnachtsfesten oder anderen Zusammenkünften geschossen. Bis vor wenigen Jahrzehnten war es jedoch üblich, ein gestelltes Motiv zum Anlass anfertigen zu lassen. Dazu versammelte sich die Familie in hierarchisch gestellter Ordnung vor der Kamera und wartete auf den Blitz. Diese Bilder dienen neben der Identifizierung auch zur Illustrierung Ihrer Familienchronik.

Familienbild von 1914.

Suchen Sie nach Familienalben und lassen Sie sich die abgebildeten Personen von lebenden Verwandten genau erklären. Notieren Sie auf der Rückseite der Fotos Namen und Daten wie Verwandtschaftsgrad, Zeitpunkt und Anlass der Aufnahme.
Aber Achtung: Die Angaben müssen nicht stimmen. Erst die Belegung mit Kopien oder Urkunden macht die Daten verbindlich. Handelt es sich um kostbare Fotos, lassen Sie das Original mit einem Bild-vom-Bild-Abzug kopieren. Sie können so viele Bilder abziehen lassen, wie Sie benötigen: zum Einkleben in das Personen-Stammblatt, für gesonderte Archivierung, für die gebundene Familienchronik oder für Ihre Verwandten.

TIPP: *Zu bestimmten Anlässen entstanden auch Fotos von Einführungen ins Schul- oder Berufsleben, von Handwerkern oder dem Alltagsleben. Auf diese Abbildungen treffen Sie vor allem, wenn Sie alte Zeitungen durchforsten.*

FAMILIENSITZ VORHANDEN?

Der Sitz der Familie muss nicht immer ein Schloss sein. Auch der Bauernhof oder das Stadthaus kann bereits seit vielen Generationen Eigentum der Familie sein und zahlreiche Aufschlüsse liefern. Besitzt Ihre Familie ein eigenes Wappen, ist dies an einer Stelle des Hauses, meist über der Tür, zu erkennen. Dort kann allerdings auch die Hausmarke sitzen, die sich von einem Wappen unterscheidet. Sammeln Sie so viele Daten, wie Sie erfahren: Wann wurde das Anwesen gebaut oder gekauft? Wie teuer war es? Wer kaufte oder baute es?
Steht das Haus unter Denkmalschutz, liegen möglicherweise Aufzeichnungen im Denkmalschutzamt oder bei der Gemeinde vor. Fertigen Sie vom Anwesen Fotos und Kopien an, die Sie in Ihren Unterlagen archivieren.

FRIEDHÖFE

Friedhöfe können Ihnen wahre Fundstücke liefern. Vor allem alte Grabsteine zeigen neben dem Namen des oder der Verstorbenen auch Geburtstag und Sterbetag sowie den Beruf, das Wappen der Tätigkeit oder des Gewerbes. Sollten Sie also vor Ort in einem Kirchenbuch nach Ihren Vorfahren forschen, besuchen Sie immer auch den Friedhof und vergleichen Sie die Namen. Vielleicht treffen Sie dadurch auf neue oder gesuchte Verwandte, vielleicht auch auf berühmte Zeitzeugen, die Ihrer Familienchronik etwas „Würze" geben.

Die Gräber der in der Völkerschlacht gefallenen Offiziere auf dem Johannisfriedhof zu Leipzig. Stich zur fünfzigjährigen Gedenkfeier 1863.

1. Sächsischer Albrechts-Orden.
2. Ernestin. Hausorden. Sächs. Herzogt.
3. Hausorden der Rautenkrone. Sachsen.
4. Orden „Pour le mérite", Friedensklasse. Preußen.
5. Orden der W...
8. Orden Albrechts des Bären. Anhalt.
9. Orden Heinrichs des Löwen. Braunschweig.
10. Sidonien-Orden. Sachsen.
11. Eisernes Kreuz. Preußen.
12. Luisen-Orden. Preußen.
13. Roter Adlerorden. Preußen.
17. Hessischer Ludwigs-Orden.
18. Orden Philipps des Großmütigen. Hessen.
19. Heinrichs-Orden. Sachsen.
20. Schwarzer Adlerorden. Preußen.
21. Orden „Pour le mérite". Militärklasse. Preußen.
25. Hausorden vom Weißen Falken. S. Weimar.
26. Oldenburgischer Haus- und Verdienstorden.
27. Verdienstorden der bayrischen Krone.
28. Lippesches Ehrenkreuz.
29. Maximilians-Orden für Wissenschaft u. Kunst. Bayern.
30. Johanniter-Orden. Preußen.
31.

Orden der deutschen Staaten 1895.

GEMÄLDE – ERBSTÜCKE MIT GENEALOGISCHEM WERT

Gibt es in Ihrer Familie eine Gemäldesammlung mit Porträts Ihrer Vorfahren oder Bilder vom Familienanwesen?
Sofern diese Stücke noch nicht eindeutig gekennzeichnet sind, sollten Sie so bald wie möglich eine Kartei darüber anlegen, solange noch ältere Verwandte leben und Auskunft darüber geben können.
Genaue Beschriftung bedeutet: Name des Porträtierten, Geburtsdatum und Geburtsort, Zeitpunkt der Porträtierung und Ort, Nachweis über Auftrag, Name und Ort des Malers.

Auch über die Zeichnungen, Gemälde oder Grafiken, die es vom Familienanwesen gibt, sollten Sie eine Kartei anlegen – und vielleicht ein Duplikat in Form einer Farbkopie oder eines Scans archivieren.

TIPP: *Notieren Sie auch, falls Sie etwas darüber erfahren, was auf den Bildern weggelassen oder verschönert wurde!*

ANDERE ERBSTÜCKE

Befinden sich alte Möbel seit Generationen im Familienbesitz, ist es ratsam, deren Geschichte auf den Grund zu gehen. Fragen Sie nach den Erstbesitzern, wann und wo die Möbel gebaut oder gekauft worden sind. Vielleicht gibt es noch Urkunden über den Kauf oder es deuten Stempel auf der Rückseite auf die Herkunft, die Werkstatt und den Wert hin.

Schmuckstücke besitzen oft eine Gravur, die auf die Beteiligten, ein Datum oder einen Anlass hinweist. Zu festlichen Anlässen wie Taufe oder Hochzeit war es in der Vergangenheit üblich, Schmuck oder wertvolle Gegenstände zu schenken, die eine Gravur tragen.
Zur Aussteuer einer Braut gehörte immer die mit den Initialen bestickte Wäsche wie Handtücher und Bettwäsche. Die Stickerei bestand dabei aus den meist kunstvoll ineinander verschlungenen Initialen des Mädchennamens der Braut: bei der Braut Annemarie Barth also die Buchstaben AB.

Zur Sammlung älterer Hausstände gehören auch kleine Schachteln mit ererbten oder erhaltenen Orden und Ehrenzeichen. Archivieren Sie diese genauso sorgfältig wie alle anderen Fundstücke und notieren Sie sich alle Hinweise, die Sie erfahren: den Namen des Ordensträgers, den Wert, den Tag der Verleihung, den Anlass, den Ort.

Ein toter Punkt ist erreicht

Sie kommen in Ihrer Ahnenforschung nicht weiter, stehen vor dem berühmten „toten Punkt". Es geht im Moment nichts mehr: Die Kirchenbücher sind nicht zu ermitteln oder verbrannt, die anderen Quellen und Register beinhalten keine der Namen, die Sie suchen. Die Fahndung artet in eine unübersichtliche Verfolgung aller möglichen Richtungen aus – und bringt Sie nicht weiter.
Wie Sie diesen toten Punkt überwinden, hängt vom Einzelfall ab.

Mögliche Ursachen können sein:
◆ uneheliche Geburt
◆ Umzug, auch kurzzeitiger
◆ Zuzug ohne Angabe des Herkunftsorts
◆ gleiche Familiennamen innerhalb einer Ortschaft
◆ gleiche Vornamen bei Geschwistern, gleiche Vor- und Zunamen von verschiedenen Familien
◆ falsche Geburtsdaten
◆ falsche Angaben der Geburtsorte
◆ Missverständnis in der Angabe von Daten
◆ Missverständnis im Auftreten gleicher Namen
◆ Missverständnis im Auftreten gleicher Ortsnamen
◆ Fehlinformationen über Umzüge, Vertreibungen, Völkerwanderungen etc.
◆ Recherchepannen

Sehen Sie sich Ihre Unterlagen noch einmal genau an. Gehen Sie die Ahnenlinien durch. Notieren Sie sämtliche Hinweise aus Ihren Dokumenten nach entfernten Verwandten, Paten oder Zeitzeugen, die vielleicht auf den Herkunftsort Ihrer Vorfahren hinweisen.

Folgende Quellen stehen Ihnen zur Verfügung:
Standesämter
Adressbücher
Einwohnermelderegister
Kirchenbücher
Kirchenbücher der Nachbarorte
Militärkirchenbücher
Universitätsmatrikel
Matrikel anderer Glaubensrichtungen
Grundbucheinträge
Bürgerbücher
Zeitungsarchive
Archive: staatliche, kirchliche, kommunale, andere Glaubensrichtungen
Ortsfamilienbücher
Leichenpredigten
Und: Genealogische Vereine!

Suchen Sie in:
Steuerlisten
Schenkungsurkunden
Handelskonzessionen
Pfarrchroniken
Eheaufgebotsbüchern
Firmungsregistern
Abendmahlsregistern
Beichtverzeichnissen
Konfirmandenbüchern
Kirchenrechnungen
Personalakten
Gerichtsprotokollen
Genealogischen Nachlässen
Adelsregistern
Adelskalendern
Geschlechterbüchern
Familienarchiven
Dienerbüchern
Selbstzeugnissen wie Memoiren, Tagebüchern und Briefen

Häufig tritt der tote Punkt dann ein, wenn die Vorfahren zu den Vertriebenen zählen. Bereits im 16. Jahrhundert verließen religiöse Minderheiten ihr angestammtes Land, da sich die Konfession der Region aufgrund neuer Gesetze, Herrscher oder Kriege änderte. Mit dem Augsburger Religionsfrieden aus dem Jahre 1555 stand es Andersgläubigen frei, den Staat zu verlassen. Auch politische Motive zwangen Menschen zur Flucht oder verursachten gravierende Vertreibungen. Im 16. Jahrhundert verbannten die katholischen Bistümer von Fulda, Bamberg und Würzburg ansässige Protestanten. Einige Jahrzehnte später immigrierten Flüchtlinge aus dem Dreißigjährigen Krieg nach Franken. Ab 1685 siedelten sich die Hugenotten in der Gegend zwischen Frankfurt/Oder und Berlin an. Bereits ab Ende des 17. Jahrhunderts wanderten religiöse Flüchtlinge nach Übersee aus. Die größte Auswanderungswelle begann jedoch erst im 19. Jahrhundert. Bis 1930 setzten etwa sechs Millionen Deutsche ihren Fuß auf amerikanischen Boden, um dort eine neue Heimat zu finden. Auch Südamerika und Australien nahmen zahlreiche Deutsche auf.

Im Zweiten Weltkrieg mussten etwa 12,5 Millionen Menschen die Ostgebiete zwischen Schlesien, Pommern und Memelgebiet, aber auch Polen, Rumänien und der damaligen Sowjetunion, verlassen. Andere Quellen berichten von etwa 16 Millionen Vertriebenen. Über zwei Millionen Menschen verloren dabei ihr Leben.

Nach dem Zweiten Weltkrieg teilte sich der Deutsche Staat in die Bundesrepublik Deutschland und die Deutsche Demokratische Republik, wodurch auch die genealogische Dokumentation eine Teilung erlitt. Viele Unterlagen über die Vertreibungen gingen im Krieg verloren. Die Arbeitsgemeinschaft ostdeutscher Familienforscher (AGoFF) kann Ihnen hier weiterhelfen, ebenso das sudetendeutsche Genealogische Archiv in Regensburg. Der Bund der Vertriebenen hat außerdem ein Handbuch herausgegeben, in dem Sie Hinweise und Anschriften finden. (Siehe „Die wichtigsten Vereine und Organisationen".)

Wurden Ihre Vorfahren per Steckbrief gesucht, finden Sie diesen möglicherweise im Gerichtsarchiv. Auf diesem Stich aus dem Jahre 1883 verliest der Gerichtsbeamte in einer Gastwirtschaft einen Steckbrief.

Archive, Vereine und Institutionen

Welche Archive gibt es?

In einem Archiv wird Schrift-, Bild- oder auch Tonschriftgut systematisch erfasst, geordnet, verwahrt und verwaltet. Heute sind Archive meist allgemein zugänglich. Zu den wichtigsten Archiven der deutschen Geschichtsforschung gehören:

- das Bayerische Hauptstaatsarchiv in München
- das Österreichische Staatsarchiv in Wien
- das Vatikanische Archiv in Rom
- das Deutsche Zentralarchiv in Potsdam und Merseburg
- das Bundesarchiv in Koblenz
- das geheime Staatsarchiv der Stiftung Preußischer Kulturbesitz in Berlin

Wichtig sind ebenfalls die regionalen Staatsarchive, die Dokumente des Bundeslandes und derjenigen Städte ohne eigenes Archiv verwahren. Fundstücke und geschichtliche Schätze bieten auch Kommunalarchive, Kreisarchive, Stadtarchive, Archive von Universitäten oder Schulen, Kirchenarchive, Adelsarchive und ebenso private Archive von Vereinen, Verbänden und Parteien sowie der Medien. In einem Archiv finden Sie nicht nur trockene Zahlen oder Personenangaben, sondern viele zusätzliche Informationen, die das „Fleisch" Ihrer Familienchronik bilden können. Außerdem werden die historischen Zusammenhänge deutlich, in denen Ihre Vorfahren lebten. Kommen Sie an einen toten Punkt in Ihren Forschungen, dann begeben Sie sich zur Suche in ein Archiv. Vielleicht hilft dann eine ausführliche Sichtung der Gerichtsprotokolle, Bürgerbücher oder Landkarten!

Jedes Archiv ist anders geordnet. Trotzdem gibt es zwei grundsätzliche Regeln, nach denen Archive ausgerichtet sind: nach zeitlicher Abfolge oder nach Herkunft. Findbücher helfen Ihnen bei der Suche. Es ist ratsam, sich darin einen ersten Überblick zu verschaffen.

Gründliche Archivarbeit erleichtert die Ahnenforschung. Der Stich zeigt die Bibliothek der Akademie in Paris 1860.

DIE WICHTIGSTEN STAATLICHEN, KIRCHLICHEN UND REGIONALEN ARCHIVE IN DEUTSCHLAND (ALPHABETISCH NACH STÄDTEN GEORDNET)

Bischöfliches Diözesanarchiv Aachen
Klosterplatz 7
52062 Aachen

Staatsarchiv Amberg
Archivstraße 3
92224 Amberg

Archiv des Bistums Augsburg
Hafnerberg 2/II
86152 Augsburg

Staatsarchiv Augsburg
Salomon-Idler-Straße 2
86159 Augsburg

Niedersächsisches Staatsarchiv
Oldersumer Straße 50
26603 Aurich

Archiv des Erzbistums Bamberg
Domplatz 3
96049 Bamberg

Staatsarchiv Bamberg
Hainstraße 39
96047 Bamberg

Deutscher Hugenottenverein
Hafenplatz 9 a
34385 Bad Karlshafen

Domstiftsarchiv St. Petri
in Bautzen
(Bistum Dresden-Meißen)
An der Petrikirche
02625 Bautzen

Geheimes Staatsarchiv Preußischer Kulturbesitz
Archivstraße 12-14
14195 Berlin

Bistum Berlin
Bistumsarchiv
Hinter der Kath. Kirche 3
10117 Berlin

Berlin Document Center
Wasserkäfersteig 1
14163 Berlin

Deutsche Dienststelle
für die Benachrichtigung
der nächsten Angehörigen von Gefallenen
der ehemaligen dt. Wehrmacht (WASt)
Eichborndamm 167-209
13403 Berlin

Diözesanarchiv Berlin
Götzstraße 65
12099 Berlin

Archiv der Ev. Kirche in Berlin-Brandenburg
Dezernat 5
Neue Grünstraße 19-22
10179 Berlin

Evang. Zentralarchiv in Berlin
Jebensstraße 3
10623 Berlin

Krankenbuchlager Berlin
Wattstraße 11-13
13355 Berlin
(Verlustlisten aus 1. WK)

Landesarchiv Berlin
Kalchreuthstraße 1-2
10777 Berlin

Stiftung „Neue Synagoge Berlin – Centrum Judaicum"
Oranienburger Straße 28-29
10117 Berlin

Ev. Kirche Westfalen
Landeskirchl. Archiv
Altstädter Kirchplatz 5
33602 Bielefeld

Kirchl. Archiv des
Kath. Militärbischofs
für die Dt. Bundeswehr
Adenauerallee 115-117
53113 Bonn

Politisches Archiv des Auswärtigen Amts
Adenauerallee 99-103
53113 Bonn

Archivstelle der ev. Kirche im Rheinland
Mainzer Straße 8
56154 Boppard

Kath. Domstiftsarchiv Brandenburg
Burghof 11
14776 Brandenburg

Ev.-luth. Landeskirche Braunschweig
Landeskirchl. Archiv
Alter Zeughof 1
38100 Braunschweig

Staatsarchiv Bremen
Am Staatsarchiv 1
28203 Bremen

Bremische Ev. Kirche
Archiv der Kirchenkanzlei
Franziuseck 2/4
28199 Bremen

Ev.-luth. Landeskirche Schaumburg-Lippe
Archiv
Herderstraße 27
31675 Bückeburg

Staatsarchiv Coburg
Herrengasse 11
96450 Coburg

Hessisches Staatsarchiv Darmstadt
Im Schloss
64289 Darmstadt

Zentralarchiv der ev. Kirche
in Hessen und Nassau EKHK
Ahastraße 5 a
64285 Darmstadt

Ev. Landeskirche Anhalts
Archiv des Landeskirchenamts
Radegasterstraße 10
06842 Dessau

Lippische Landeskirche
Landeskirchliches Archiv
Leopoldstraße 27
32756 Detmold

Nordrhein-Westfälisches
Staatsarchiv Detmold
und Personenstandsarchiv
Westfalen-Lippe
Willi-Hofmann-Straße 2
32756 Detmold

Ev.-luth. Kirchenamt Sachsen
Archiv
Lukasstraße 6
01069 Dresden

Sächsisches Hauptstaatsarchiv
Dresden
Archivstraße 14
01097 Dresden

Archiv der Ev. Kirche im Rheinland
Hans-Böckler-Str. 7
40476 Düsseldorf

Nordrhein-westfälisches Hauptstaatsarchiv
Mauerstraße 55
40476 Düsseldorf

Diözesanarchiv Eichstätt
Luitpoldstraße 1
85072 Eichstätt

Ev.-luth. Kirche Thüringen
Landeskirchenarchiv
Schlossberg 4 a / Kreuzkirche
99817 Eisenach

Kath. Domarchiv Erfurt
Hermannsplatz 9
99084 Erfurt

Kath. Bistumsarchiv Essen
Zwölfling 16
45127 Essen

Erzbischöfl. Archiv Freiburg
Herrenstraße 35
79098 Freiburg i. Br.

Militärarchiv des Bundesarchivs
Wiesentalstraße 1
79115 Freiburg i. Br.

Staatsarchiv Freiburg
Colombistraße 4
79098 Freiburg i. Br.

Kath. Bistumsarchiv Fulda
Paulustor 5
36037 Fulda

Konsistorium der Ev. Kirche
der schlesischen Oberlausitz
Archiv
Schlaurother Straße 11
02827 Görlitz

Ordinariat der Apostolischen
Administratur
des Erzbistums Breslau
Carl-von-Ossietzky-Straße 41
02826 Görlitz

Pommersche ev. Kirche
Landeskirchenarchiv Greifswald
Bahnhofstraße 35-36
17489 Greifswald

Vorpommersches Landesarchiv
Greifswald
Martin-Andersen-Nexö-Platz 1
17489 Greifswald

Staatsarchiv der Freien und Hansestadt Hamburg
ABC-Straße 19 a
20354 Hamburg

Ev. Kirchenarchiv Hamburg
Grindelallee 7
20146 Hamburg

Erzbischöfliches Generalvikariat
Fachbereich Archiv und
Registratur
Danziger Str. 52 a
20099 Hamburg

Ev.-luth. Landeskirche Hannover
Landeskirchliches Archiv
Am Steinbruch 14
30449 Hannover

Niedersächsisches Hauptstaatsarchiv Hannover
Am Archiv 1
30169 Hannover

Zentralarchiv zur Erforschung
der Geschichte der Juden in
Deutschland
Bienenstraße 5
69117 Heidelberg

Archiv der Ev. Brüder-Unität
Zittauer Straße 24
02747 Herrnhut

Kath. Bistumsarchiv Hildesheim
Domhof 18-21
31134 Hildesheim

Ev. Landeskirche in Baden
Archiv des Ev. Oberkirchenrats
Landeskirchliches Archiv
Blumenstraße 1
76133 Karlsruhe

Generallandesarchiv Karlsruhe
Nördliche Hildapromenade 2
76133 Karlsruhe

Ev. Kirche von Kurhessen-Waldeck
Archiv des Landeskirchenamts
Heinrich-Wimmer-Straße 4
34131 Kassel-Wilhelmshöhe

Nordelbisches Kirchenarchiv der
ev.-luth. Kirche
Winterbeker Weg 51
24114 Kiel

Bundesarchiv Koblenz
Potsdamer Str. 1
56075 Koblenz

Landeshauptarchiv Koblenz
Karmeliterstraße 1-3
56068 Koblenz

Historisches Archiv des Erzbistums Köln
Gereonstraße 2-4
50670 Köln

Staatsarchiv Landshut
Burg Trausnitz
84036 Landshut

Ev.-reformierte Kirche in Nord-
westdt.
Archiv des Landeskirchenrats
Saarstraße 6
26789 Leer

Sächsisches Staatsarchiv Leipzig
Georgi-Dimitroff-Platz 1
04107 Leipzig

Ev. Kirchenarchiv
Fröbelstraße 10
04229 Leipzig

Diözesanarchiv Limburg
Rossmarkt 4
65549 Limburg

Staatsarchiv Ludwigsburg
Schloss Ludwigsburg
Schlossstraße 30
71634 Ludwigsburg

Ev. Kirchenarchiv Lübeck
Bäckerstraße 3-5
23564 Lübeck

Ev. Konsistorium der Kirchen-
provinz Sachsen
Archiv
Am Dom 2
39104 Magdeburg

Kath. Zentralarchiv des Bischöfli-
chen Amtes Magdeburg
Max-Joseph-Metzger-Straße 1
39104 Magdeburg

Landeshauptarchiv Sachsen-Anhalt
Hegelstraße 25
39104 Magdeburg

Dom- und Diözesanarchiv Mainz
Rochusstraße 9
55116 Mainz

Deutsches Adelsarchiv
Schwanallee 21
35037 Marburg

Hessisches Staatsarchiv Marburg
Friedrichsplatz 15
53037 Marburg

Archiv des Erzbistums München
und Freising
Karmeliterstraße 1
80333 München

Bayerisches Hauptstaatsarchiv
Schönfeldstraße 5-11
80539 München

Bistumsarchiv Münster
Georgskommende 19
48143 Münster

Nordrhein-Westfälisches
Staatsarchiv Münster
Bohlweg 2
48147 Münster

Ev.-luth. Kirche in Bayern
Landeskirchliches Archiv
Veilhofstraße 28
90489 Nürnberg

Staatsarchiv Nürnberg
Archivstraße 17
90408 Nürnberg

Archiv des ev.-luth.
Oberkirchenrates
Philosophenweg 1
26121 Oldenburg

Niedersächsisches Staatsarchiv
Damm 34
26135 Oldenburg

Bistumsarchiv Osnabrück
Große Domfreiheit 10
49074 Osnabrück

Erzbistumsarchiv Paderborn
Domplatz 3
33098 Paderborn

Archiv des Bistums Passau
Luragostraße 4
94032 Passau

Brandenburgisches
Landeshauptarchiv
Sanssouci-Orangerie 3
14467 Potsdam

Bischöfliches Zentralarchiv
St. Peters-Weg 11-13
93047 Regensburg

Landeskirchliches Archiv
der Ev.-luth. Kirche in Bayern
Kirchenbucharchiv
Am Ölberg 2
93047 Regensburg

Diözesanarchiv Rottenburg
Eugen-Bolz-Platz 1
72108 Rottenburg

Landesarchiv Saarbrücken
Scheidter Straße 114
66123 Saarbrücken

Archive der Nordelbischen
Ev.-luth. Kirche
Kirchenarchiv Eutin
Am Kirchberg 4
23684 Scharbeutz

Landesarchiv Schleswig-Holstein
Prinzenpalais (Schloss Gottorf)
Gottorfstraße 6
24837 Schleswig

Bischöfl. Amt Schwerin
Lankower Straße 14-16
19057 Schwerin

Ev.-luth. Landeskirche Mecklenburg
Landeskirchliches Archiv
Münzstraße 8
19055 Schwerin

Mecklenburgisches Landeshauptarchiv
Graf-Schack-Allee 2
19053 Schwerin

Archiv des Bistums Speyer
Kleine Pfaffengasse 16
67346 Speyer

Protestantische Landeskirche der Pfalz
Zentralarchiv
Domplatz 6
67346 Speyer

Ev. Landeskirche Württemberg
Landeskirchl. Archiv
Gänseheidestraße 4
70184 Stuttgart

Hauptstaatsarchiv Stuttgart
Konrad-Adenauer-Straße 4
70173 Stuttgart

Bistumsarchiv Trier
Jesuitenstraße 13 b
54290 Trier

Hessisches Hauptstaatsarchiv
Mosbacher Straße 55
65187 Wiesbaden

Thüringisches Hauptarchiv
Marstallstraße 2
99423 Weimar

Diözesanarchiv Würzburg
Domerschulstraße 2
97070 Würzburg

Staatsarchiv Würzburg
Residenz-Nordflügel
97070 Würzburg

TIPP: *Eine vollständige Liste mit den Adressen aller Archive bietet Ihnen: „Archive in der Bundesrepublik Deutschland, Österreich und Schweiz", mit beiliegender CD-ROM, Ardy-Verlag GmbH, Münster, Westfalen.*

DEUTSCHE GENEALOGISCHE VEREINE UND ORGANISATIONEN (ALPHABETISCH GEORDNET NACH STÄDTEN)

1. Überregionale Organisationen:

HEROLD
Verein für Heraldik, Genealogie und verwandte Wissenschaften
Archivstraße 12-14
14195 Berlin

Arbeitsgemeinschaft für Familiengeschichte im Kulturkreis Siemens e. V.
Göbelstraße 143-145
13629 Berlin

Verein zur Förderung der Zentralstelle für Personen- und Familiengeschichte e. V. (Zentralstellenverein)
Archivstraße 12-14
14195 Berlin

Salzburger Verein
Vereinigung der Nachkommen salzburgischer Emigranten
Memeler Str. 35
33605 Bielefeld

Deutsche Arbeitsgemeinschaft genealogischer Verbände e. V. (DAGV)
Schlossstraße 12
50321 Brühl
Homepage:
dagv.genealogy.net

Bund der Familienverbände
Lorenz-von-Stein-Ring 20
24340 Eckernförde

Zentralstelle für Personen- und Familiengeschichte
Birkenweg 13
61381 Friedrichsdorf

Gesellschaft für ostmitteleuropäische Landeskunde und Kultur e. V.
c/o Klaus-Dieter Kreplin
Zum Nordhang 5
58313 Herdecke

Gruppe Familien- und Wappenkunde (GFW) in der Stiftung Bahn-Sozialwerk (BSW)
Tannenstr. 15
71083 Herrenberg
E-Mail: rud@theurer.org
Homepage:
gfw.genealogy.net
genealogienetz.de

Deutsche Zentralstelle für Genealogie
c/o Sächsisches Staatsarchiv Leipzig
Schongauer Straße 1
04329 Leipzig

Zentralstelle der Heimatsortskarteien
Lessingstr. 1
80336 München

Werkgroep Genealogisch Onderzoek Duitsland
Herrn J. E. de Langen
10, Beverweerdseweg
NL-3985 RD WERKHOVEN

2. Regionale Organisationen:

Arbeitskreis Familienforschung Ahlen und Umgebung e.V.
Fritz-Winter-Weg 23
59227 Ahlen
E-Mail:
Mende@Landwirtschaftsverlag.com
Homepage:
ahlengen.de

Upstaalsboom-Gesellschaft für historische Personenforschung und Bevölkerungsgeschichte in Ostfriesland e. V.
Fischteichweg 16
26603 Aurich
Homepage:
ug.genealogy.net

Arbeitsgemeinschaft für mitteldeutsche Familienforschung e. V. (AMF)
c/o Joachim Herrmann
Leonhard-Kraus-Str. 23
53604 Bad Honnef

Tel: 02224 89051
E-Mail: joagesi@t-online.de
Homepage:
amf.genealogy.net

Historischer Verein für die
Grafschaft Ravensberg
AG Genealogie
Herr Standera
33605 Bielefeld

Salzburger Verein e. V.
Memeler Straße 35 (Wohnstift
Salzburg)
33605 Bielefeld

Die Maus, Gesellschaft für
Familienforschung e. V. (Bremen)
Am Staatsarchiv 1/Fedelhören
(Staatsarchiv)
28203 Bremen
E-Mail: rudolf_voss@t-online.de
Homepage:
maus.genealogy.net (D)/(E)

Landesverein Badische Heimat e. V.
Heilbronner Straße 3
75015 Bretten

Nordrhein-Westfälisches Personenstandsarchiv Rheinland
Schlossstraße 12
50321 Brühl

Arbeitsgemeinschaft Genealogie
Straße Usti nad Labem 23
09119 Chemnitz

Deutsch-Baltische Genealogische
Gesellschaft e. V.
Herdweg 79
64285 Darmstadt

Hessische Familiengeschichtliche
Vereinigung e. V. (HFV)
Karolinenplatz 3 (Staatsarchiv)
64289 Darmstadt
Homepage: hfv.genealogy.net

Roland zu Dortmund e. V.
Postfach 10 33 26
44033 Dortmund
Homepage: rzd.genealogy.net

Arbeitsgemeinschaft Genealogie
im Dresdner Geschichtsverein e. V.
Postfach 28 02 14
01142 Dresden
E-Mail: post@genealogie-
dresden.de
Homepage:
genealogie-dresden.de

Verein für mecklenburgische
Familien- und Personengeschichte
e. V. (MFP)
Prof. Dr. Hans-Dietrich Gronau
Fliederhof 2
18107 Elmenhorst / Lichtenhagen
Tel.: 0381 7990985
E-Mail: vorstand@MFPeV.de
Homepage: MFPeV.de

Genealogischer Kreis in der Kame-
radschaft Siemens Erlangen e. V.
c/o Dipl.-Ing. Thomas Lonicer
Annette-Kolb-Str. 6
91056 Erlangen
E-Mail: Thomas.Lonicer@
t-online.de

Arbeitsgemeinschaft Genealogie
Thüringen e. V.
Verein für Heimat-, Familien- und
Wappenkunde
Martin-Andersen-Nexö-Straße 62
99096 Erfurt
E-Mail: AG-Thueringen@gmx.de
Homepage: roland-
pudenz.de/AGT.htm

Familienkundliche Kommission
für Niedersachsen und Bremen
sowie angrenzende ostfälische
Gebiete e. V.
Steinfeldstraße 34
30826 Garbsen

Genealogisch-Heraldische Gesellschaft Göttingen e. V.
Postfach 20 62
37010 Göttingen

Arbeitskreis für Familienforschung
im Hagener Heimatbund e. V.
Hochstraße 74
58095 Hagen

Verein für Familienforschung in
Ost- und Westpreußen e. V.
(VFFOW)
In de Krümm 10
21147 Hamburg
Homepage:
vffow.genealogy.net

Genealogische Gesellschaft, Sitz
Hamburg, e. V.
Postfach 30 20 42
20307 Hamburg
Homepage:
gghh.genealogy.net

Niedersächsischer Landesverein
für Familienkunde e. V.
Am Bokemahle 14-16 (Stadtarchiv)
39171 Hannover
Homepage:
familienkunde.de

Gesellschaft für Familienkunde in
Kurhessen und Waldeck e. V.
Postfach 10 13 46
34013 Kassel
Homepage:
gfkw.genealogy.net

Schleswig-Holsteinische
Familienforschung e. V. in Kiel
Postfach 38 09
24037 Kiel
Homepage:
shfam.genealogy.net

Mosaik. Familienkundliche Vereinigung für das Klever Land e. V.
Mosaik-Archiv
Lindenallee 54
47533 Kleve

Westdeutsche Gesellschaft für
Familienkunde e. V. (WGfF),
Sitz Köln
Unter Gottes Gnaden 34
50859 Köln
Homepage:
wgff.genealogy.net

Leipziger Genealogische Gesellschaft e. V.
Marion Bähr
c/o Deutsche Zentralstelle für Genealogie
Adresse siehe DZfG (oben)
E-Mail: lggev@gmx.net
Homepage:
leipzig-virtuell.de/lgg

Arbeitskreis für Familienforschung Lübeck e. V.
Mühlentorplatz 2
(Mühlentorturm)
23552 Lübeck

Pfälzisch-Rheinische Familienkunde e. V.
Rottstraße 17
67061 Ludwigshafen

Arbeitsgemeinschaft Genealogie Magdeburg
Thiemstraße 7
39104 Magdeburg

Arbeitsgemeinschaft ostdeutscher Familienforscher e. V. (AGoFF)
Detlef Kühn
Zum Block 1 a
01561 Medessen
Homepage:
agoff.genealogy.net

Neuer Hallescher Genealogischer Abend
Brotuffstraße 9
06217 Merseburg

Bayerischer Landesverein für Familienkunde e. V.
Ludwigstraße 14/I
80539 München
E-Mail: BLF@gmx.de
Homepage: blf.genealogy.net

Westfälische Gesellschaft für Genealogie und Familienforschung
Postfach 61 25
48133 Münster
Homepage:
WestfalenGen.de

Gesellschaft für Familienforschung in Franken e. V.
Archivstraße 17 (Staatsarchiv)
90408 Nürnberg
Homepage:
gf-franken.de

Oldenburgische Gesellschaft für Familienkunde
Lerigauweg 14
26131 Oldenburg
E-Mail: GDIERS9488@aol.com
Homepage: ogf.genealogy.net

Arbeitskreis Familienforschung Osnabrück e. V.
Kiwittstraße 1 a
49080 Osnabrück
E-Mail: info@osfa.de
Homepage: osfa.de

Arbeitskreis „Vogtländischer Familienforscher" im Verein für vogtländische Geschichte, Volks- und Landeskunde e. V.
Alfred-Schlagk-Straße 12
08523 Plauen

Arbeitsgemeinschaft für Saarländische Familienkunde e. V. (ASF)
Geschäftsstelle: Norbert Emanuel
Hebbelstraße 3
66346 Püttlingen
E-Mail: emanuel_asf@t-online.de
Homepage:
saarland-genealogie.de

Düsseldorfer Verein für Familienkunde e. V.
Krummenweger Straße 26
40885 Ratingen-Lintorf
Homepage: members.aol.com/
dvff.genealogy.net

Gesellschaft für Familienforschung in der Oberpfalz e. V. (GFO)
Max Pöppl
Rachelstr. 12
93059 Regensburg
E-Mail: Lore.Max.Poeppl@t-online.de
Homepage: gfo.genealogy.net

Vereinigung Sudetendeutscher Familienforscher e. V. (VSFF)
Stadt Regensburg, Amt für Archiv und Denkmalpflege, VSFF-SGA
Postfach 110643
93053 Regensburg
Homepage: genealogy.net/
vereine/VSFF/vsff-de.html
Neuanmeldung, Mitgliederbetreuung und Mitgliederverwaltung
Herr Gregor Tumpach
Magnus-Poser-Strasse 10
07749 Jena
Tel/Fax 03641 602411
E-Mail: gregor.tumbach@t-online.de

Familienkundliche Vereinigung der Männer vom Morgenstern Heimatbund an Elb- und Wesermündung e. V.
c/o Johannes Göhler
Neue Str. 21
27624 Ringstedt
E-Mail: gerd.schiwy@nord-com.net
Homepage: mvm.genealogy.net

Arbeitskreis donauschwäbischer Familienforscher (AKdFF)
Goldmühlestraße 30
71065 Sindelfingen
Homepage:
akdff.genealogy.net (D)/(E)

Familienkundlicher Verein Hildesheim
Nr. 66
31185 Söhlde

Verein für Familien- und Wappenkunde in Württemberg und Baden e. V.
Postfach 10 54 41
70047 Stuttgart
Homepage: vfwkwb.genealogy.net

Arbeitsgemeinschaft der familienkundlichen Gesellschaften in Hessen
Biebricher Allee 168
65203 Wiesbaden

Familienkundliche Gesellschaft für Nassau und Frankfurt e. V.
Mosbacher Straße 55
65187 Wiesbaden

Arbeitskreis für Siebenbürgische Landeskunde e. V.
Abteilung Genealogie
Michael Fleischer
Holderbaumstr. 9
67549 Worms

Bergischer Verein für Familienkunde e. V. (BVfF)
Dr. Wolfram Lang
Zanellastraße 52
42287 Wuppertal

3. Andere Organisationen:

Deutsche Hugenotten-Gesellschaft e. V. (DHG)
Deutsches Hugenotten-Zentrum
Hafenplatz 9 a
34385 Bad Karlshafen

Ahnenlistenumlauf der DAGV
Rainer Bien
Hauptstraße 70
31699 Beckedorf

Friedrich-Wilhelm-Euler-Gesellschaft für personengeschichtliche Forschung e. V.
(ehem. Institut zur Erforschung histor. Führungsschichten e. V.)
Ernst-Ludwig-Straße 21
64625 Bensheim

Genealogisches Forschungszentrum der Kirche Jesu Christi der Heiligen der Letzten Tage
Klingelhöferstraße 24
10785 Berlin

Mennonitischer Geschichtsverein e. V.
Am Hollerbrunnen 7
67295 Bolanden

Bund der Vertriebenen (BdV)
Vereinigte Landsmannschaften und Landesverbände
Godesberger Allee 72
53175 Bonn

Akademie für Genealogie, Heraldik und verwandte Wissenschaften e. V.
Gutenbergstraße 12 B
38118 Braunschweig

Dr. Otto-Beuttenmüller-Bibliothek der Stadt Bretten
Forschungszentrum für Genealogie
Altes Rathaus, Marktplatz 1
75015 Bretten

Personenstandsarchiv Brühl
Schlossstraße 12
50321 Brühl

Sippenverband Wallmichrath e. V.
Rütger-von-Scheven-Straße 63 a
52349 Düren

Stiftung Stoye
Jürgen Wagner
Rheinallee 159
40545 Düsseldorf

Zentrales Genealogisches Forschungszentrum der Kirche Jesu Christi der Heiligen der Letzten Tage
Eckenheimer Landstraße 264
60320 Frankfurt

Genealogie-Forschungsstelle der Genealogischen Gesellschaft Utah
Eckenheimer Landstraße 262-264
60320 Frankfurt

Schiffspassagierlisten von 1850-1934 bei:
Historic Emigration Office im Museum für Hamburgische Geschichte
Holstenwall 24
20355 Hamburg

Heraldischer Verein zum Kleeblatt e. V.
Erhardt Haacke
Berliner Str. 14 E
30457 Hannover

Verband der Familien Lampe e. V. (Lampe-Verband)
Davenstedter Straße 43
30449 Hannover

Leps-Milke-Stiftung
Gerhard Leps
Neusser Wall 12
50670 Köln

Deutsches Adelsarchiv
Schwanallee 21
35037 Marburg

Verein für Computergenealogie e. V. zur Förderung EDV-gestützter familienkundlicher Forschungen
Dorffeldstr. 18
48161 Münster
E-Mail: CompGen@genealogy.net
Homepage: compgen.genealogy.net

Bund der Familienverbände und -Archive e. V. (BdF)
Bundesgeschäftsstelle
Bleibtreustraße 26
81479 München
Telefon 089 74999838
Fax 089 74999838
E-Mail: info@bdf-verein.de
Homepage: bdf-verein.de

Genealogical Association of English-Speaking Researchers in Europe GAESRE
Röntgenstr. 4
68789 St. Leon-Rot
Homepage: geocities.com/Heartland/Oaks/4642

Pro Heraldica
Julius-Hölder-Straße 48
70597 Stuttgart

The Mormon's Library in Salt Lake City
405 Hilgard Ave.
Salt Lake City
Utah, USA

„Der Stammbaum der Napoleoniden". Stich von 1863.

4.
Ahnen- oder Stammtafel – die Familienchronik entsteht

Material sichten und ordnen

Sie haben einiges an Material gesammelt. Sicher treten noch Lücken oder ganze Löcher in manchen Personenangaben auf, aber vor Ihnen liegen bereits die Unterlagen von zahlreichen Vorfahren. Nun gilt es, das Material richtig einzuordnen, um eine Familiengenealogie aufzubauen, die Sie einmal als Stammbaum oder Chronik Ihrer Familie präsentieren.

Über die einzelnen Vorfahren legten Sie Personen-Stammblätter an (Kapitel 2). Sie halten sich konsequent an die Nummerierung mit genealogischen Kennziffern. Die Aktenordner nehmen inzwischen viel Platz auf Ihrem Schreibtisch ein, da sie Urkunden, Kopien aus Kirchenbüchern oder Einwohnerregistern enthalten, Daten von bis zu vier oder gar fünf Generationen, zahlreiche Fotos und Dokumentationen.

Grundsätzlich werden im Anlegen einer Familienchronik als Tafel zwei Darstellungsformen unterschieden:
◆ Die Ahnenliste oder Ahnentafel geht vom Ersteller, der Erstellerin oder dem Probanden aus und stellt Forschungen in die zurückliegenden Generationen an, die sich dann in väterliche und mütterliche Familienlinie der jeweiligen Elterngeneration aufsplitten. Geschwister und andere Kinder werden vernachlässigt. Auch die Stammlinie funktioniert so, konzentriert sich allerdings nur auf die rein männliche Seite, führt zu ihrem ältesten Urahn in direkter Linie und heißt deshalb wohl auch Stammlinie.
◆ Die Stammliste oder Stammtafel geht von einem Ahnen oder Stammvater in der Vergangenheit aus, dessen sämtliche Nachfahren in allen Generationen mit Kindern und Geschwistern aufgelistet werden und schließlich zum Ersteller oder zur Erstellerin führen.

So wird abgekürzt

In den verschiedenen Listen und Urkunden treffen Sie wahrscheinlich immer wieder auf genealogische Zeichen. Greifen Sie in Ihrer Dokumentation nun ebenfalls auf diese gängigen Zeichen zurück und ersparen Sie sich unnötige Schreibarbeit.
Es gibt folgende genealogische Zeichen:

Suchen Sie sich diejenigen heraus, die Sie am Computer leicht erstellen, und gewöhnen Sie sich an, diese zu verwenden.

*	geboren
(*)	außereheliche Geburt
^	getauft oder
∧∧	getauft oder
~	getauft oder
~ ~	getauft oder
≈≈	getauft
o	verlobt
∞	verheiratet
I ∞	erste Ehe
II ∞	zweite Ehe
+	gestorben oder
t	gestorben oder
†	gestorben oder
+us	mortuus oder
+g	mortuus
+*	Totgeburt oder
†*	Totgeburt
o/o	geschieden oder
o|o	geschieden
o–o	nichteheliche Verbindung
x	gefallen
+x	gestorben an Wunden aus einem Kampf
▭	begraben

++	Linie ausgestorben
!!	Pfarrer
/###	Kind von ###
♂	männlich
♀	weiblich
Δ	unbekanntes Geschlecht
o/o	unbekannt

In älteren Unterlagen treffen Sie wahrscheinlich auch auf folgende Zeichen:

⁕	getauft
X	verheiratet
⊥	begraben
Ψ	geboren
⋏	gestorben

Neben den genealogischen Zeichen gibt es eine Reihe von Abkürzungen, die Ihnen die Arbeit ebenfalls erleichtern, vor allem, wenn Sie am Computer arbeiten und Ihre Tastatur bestimmte genealogische Zeichen nicht zulässt:

Angaben zur Person:		Ki	Kinder
N.N.	Nomen Nescio – Name unbekannt	Ehefr.	Ehefrau
		Vid.	Vidua/Viduus Witwe/Witwer
ehel.	ehelich		
led.	ledig	Wwe	Witwe
männl.	männlich	Wwr	Witwer
weibl.	weiblich		
geb.	geboren		
nat.	natus/nata – geboren	andere Angaben:	
spur.	spurius/spuria – unehelich	H-Nr.	Hausnummer
unehel.	unehelich	Haus#	Hausnummer
ren.	renatus/renata – getauft	Krs.	Kreis
get.	getauft	Str.	Straße
verl.	verlobt	einh.	einheimisch
getr.	getraut	zgw.	zugewandert
verh.	verheiratet	unbek.	unbekannt
v.m.	verheiratet mit	evg.	evangelisch
wiederverh.	wiederverheiratet	rk.	römisch-katholisch
gef.	gefallen		
gest.	gestorben		
hvert.	heimatvertrieben	Zeitangaben:	
kverm.	kriegsvermisst	Tg	Tag
zverm.	zivilvermisst	Mo.	Monat
beg.	begraben	J	Jahre
Flue.	Flüchtling	ca.	circa
Sd	Sohn des	n.	nach
Sv	Sohn von	u.	und
Tau.	Taufe		
Tp	Taufpate/in		
Td	Tochter des		
Tv	Tochter von		
Trz	Trauzeuge		

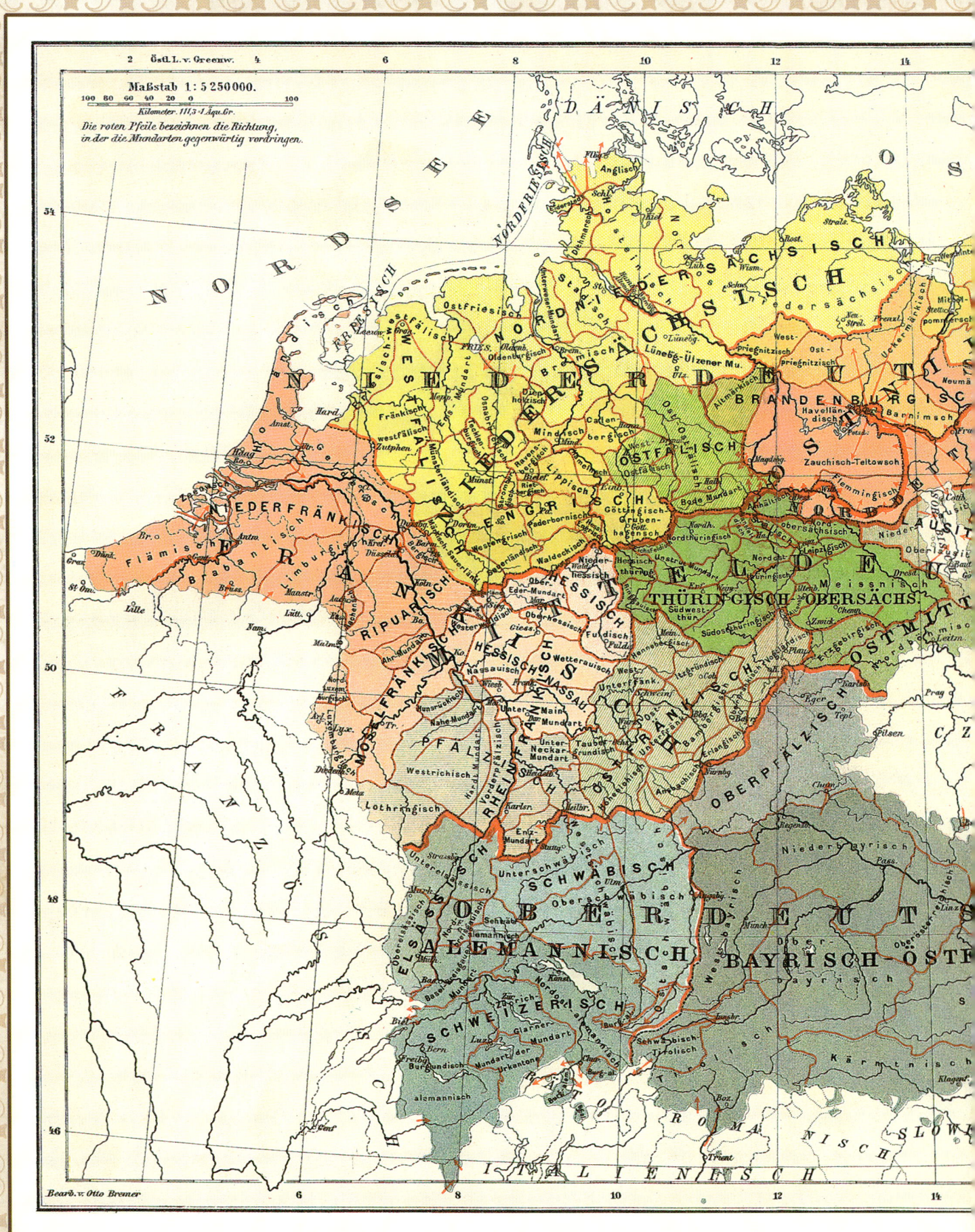

Die Stammlinie

Um eine erste Übersicht zu schaffen, empfiehlt es sich, eine Stammlinie anzulegen. In der Genealogie ist es üblich, Stammlinien von der männlichen Seite aus zu führen. Ausgangspunkt ist dabei der Proband, also derjenige oder diejenige, für den oder die eine Stammlinie angefertigt werden soll. Der Proband trägt nach der genealogischen Nummerierung von Kekulé (Kapitel 2) die Kennziffer (Nummer) 1, der Vater die Nummer 2, der Großvater die Nummer 4, der Urgroßvater Nummer 8 und immer so weiter. Da es sich um die rein männliche Linie handelt, in der die männlichen Vorfahren den Namen in der Vergangenheit per Gesetz bis 1992 vererbten, werden Sie auch nur auf Ihren Namen treffen. Ändert sich der Name, sprechen mehrere Ursachen dafür: In den meisten Fällen deutet dies darauf hin, dass Ihr Vorfahre das Kind aus einer unehelichen Verbindung war. Eher seltener tritt auch der Umstand auf, dass derjenige, der den Namen notierte, ihn willkürlich oder unwillkürlich beim Niederschreiben änderte, da er ihn falsch aussprach oder verstand. Von Region zu Region, manchmal sogar von einem Ort zum anderen, änderte sich der Dialekt in seiner Färbung. Eine einheitliche Regelung der Rechtschreibung kam erst Anfang des 20. Jahrhunderts auf.

Karte der deutschen Mundarten, Ende des 19. Jahrhunderts.

Je weiter Sie zurückgehen, desto schwieriger ist es, genaue Daten zu bekommen. Lassen Sie die Zeilen frei, die Ihnen unbekannt sind, sei es das Traudatum der Ururgroßeltern oder der Beruf.

DIE STAMMLINIE ENTHÄLT:

Kennziffer (Nummerierung)
Name, Vorname(n)
Geburtsdatum, Geburtsort
Sterbetag, Sterbeort
Beruf, Religion

∞ **Hochzeitstag**

Name (Geburtsname), Vorname(n)
Geburtsdatum, Geburtsort,
Sterbetag, Sterbeort
Beruf, Religion

DIE FAMILIENLINIE ODER AHNENLISTE

Aus der Ahnenlinie heraus erarbeiten Sie die Familienlinie, die auch Ahnenliste heißt. Dafür nehmen Sie zu den männlichen auch die weiblichen Familienmitglieder auf und nummerieren sie mit den ungeraden Zahlen (Kapitel 2). Begonnen wird auch hier mit der Kennziffer 1 beim Probanden, also dem Mitglied, von dem aus recherchiert wurde. Da Sie nun auch die mütterliche Ahnenseite hinzunehmen, erfordert dies den doppelten Aufwand an Arbeit. Die einzelnen Ahnenreihen (Generationen) erhalten römische Ziffern.

BEISPIEL: STAMMLINIE FISCHER

1.
Fischer, Hans Lothar
* 30.01.1930 in Mittelndorf
Diplom-Agronom, ev.
∞ 17.05.1958 in Oberbärenburg
Barth, Elsbeth Annemarie
* 16.08.1935 in Weistropp
techn. Zeichnerin, ev.

2.
Fischer, Rudolph
* 16.06.1895 in Seebschütz
† 14.03.1959 in Weistropp
Landwirt, ev.
∞ 14.05.1927 in Höckendorf
Richter, Hilma Helene
* 07.10.1893 in Höckendorf
† 26.06.1936 in Weistropp
Bäuerin, ev.

4.
Fischer, Karl Hermann
* 18.10.1839 in Mischwitz
† 08.03.1908 in Zehren
Gutsbesitzer in Seebschütz, ev.
∞ 19.09.1870 in Zehren
Roßberg, Selma Lina
* 11.12.1849 in Seebschütz
† 30.07.1934 in Meißen
Bäuerin, ev.

8.
Fischer, Karl Gotthold
* 02.01.1812 in Seebschütz
† 14.09.1846 in Mischwitz
Gutsbesitzer in Mischwitz, ev.
∞ 04.09.1834 in Miltitz
Züchner, Christiane Friedericke
* 07.02.1808 in Obermuschütz
† 26.05.1854 in Mischwitz
Bäuerin, ev.

(gerade)
Nummerierung für männliche Ahnen
Name, Vorname(n)
Geburtsdatum, Geburtsort,
Sterbetag, Sterbeort,
Beruf, Religion
∞ Hochzeitstag, Hochzeitsort

(ungerade)
für weibliche Ahnen
Name (Geburtsname), Vorname(n),
Geburtsdatum, Geburtsort,
Sterbetag, Sterbeort, (Beruf), Religion

Hier erkennen Sie das System, wodurch die väterliche und die mütterliche Linie auseinander zu halten sind. Dabei wird auch deutlich, dass jede weitere Generation, die Sie zurückgehen, die doppelte Personenzahl umfasst.

Beispiel (gekürzt):

PROBAND
1.
(Fischer, Hans Lothar)
Geburtsdatum, Geburtsort,
Beruf, Religion

I. AHNENREIHE
2.
Name Vater, Vorname
(Fischer, Rudolph) etc.
3.
Name (Geburtsname) Mutter, Vorname etc.

II. AHNENREIHE
4.
Name Großvater (Vater des Vaters),
Vorname (Fischer, Karl Hermann) etc.
5.
Name Großmutter (Mutter des Vaters),
Vorname etc.
6.
Name Großvater (Vater der Mutter),
Vorname etc.
7.
Name Großmutter (Mutter der Mutter),
Vorname etc.

III. AHNENREIHE
8.
Name Altvater (Vater des Großvaters 4),
Vorname
(Fischer, Karl Gotthold) etc.
9.
Name Urgroßmutter (Mutter des Großvaters 4), Vorname etc.
10.
Name Urgroßvater (Vater der Großmutter 5), Vorname etc.
11.
Name Urgroßmutter (Mutter der Großmutter 5), Vorname etc.
12.
Name Urgroßvater (Vater des Großvaters 6), Vorname etc.
13.
Name Urgroßmutter (Mutter des Großvaters 6), Vorname etc.
14.
Name Urgroßvater (Vater der Großmutter 7), Vorname etc.
15.
Name Urgroßmutter (Mutter der Großmutter 7), Vorname etc.

BEISPIEL DER AHNENLISTE FISCHER

PROBAND

1.
Fischer, Hans Lothar
* 30.01.1930 in Mittelndorf
Diplom-Agronom, ev.

I. AHNENREIHE

2.
Fischer, Rudolph
* 16.06.1895 in Seebschütz
† 14.03.1959 in Weistropp
Landwirt, ev.
∞ 14.05.1927 in Höckendorf

3.
Richter, Hilma Helene
* 07.10.1893 in Höckendorf
† 26.06.1936 in Weistropp
Bäuerin, ev.

II. AHNENREIHE

4.
Fischer, Karl Hermann
* 18.10.1839 in Mischwitz
† 08.03.1908 in Zehren
Gutsbesitzer in Seebschütz, ev.
∞ 19.09.1870 in Zehren

5.
Roßberg, Selma Lina
* 11.12.1849 in Seebschütz
† 30.07.1934 in Meißen
Bäuerin, ev.

6.
Richter, Ernst Gustav
* 20.03.1856 in Höckendorf
† 20.02.1929 in Höckendorf
Zimmermann, ev.
∞ 27.12.1881 in Dorfhain

7.
Wolf, Clara Bertha
* 06.05.1857 in Dorfhain
† 1936 in Höckendorf
Bäuerin, ev.

Bauern bei der Heuernte, Fotografie aus dem Jahre 1941: Rudolph Fischer mit seinen Söhnen Lothar (vorn) und Günther (auf dem Wagen).

III. Ahnenreihe

8.
Fischer, Karl Gotthold/Gottlob
* 02.01.1812 in Seebschütz
† 14.09.1846 in Mischwitz
Gutsbesitzer in Mischwitz, ev.
∞ 04.09.1834 in Miltitz

9.
Züchner, Christiane Friedericke
* 07.02.1808 in Obermuschütz
† 26.05.1854 in Mischwitz
Bäuerin, ev.

10.
Roßberg, Friedrich Wilhelm
* 23.03.1817 in Seebschütz
† unbekannt
Gutsbesitzer in Seebschütz, ev.
∞ 23.06.1846 in Meißen

11.
Petermann, Therese Wilhelmine
* 01.06.1818 in Wölkisch
† unbekannt
Bäuerin, ev.

12.
Richter, Karl Heinrich
* 18.01.1820 in Höckendorf
† 31.03.1906 in Höckendorf
Vorwerksbesitzer, ev.
∞ 20.11.1849

13.
Grimmer, Christiane Regine
* unbekannt
† unbekannt

14.
unbekannt

15.
unbekannt

IV. Ahnenreihe

16.
Fischer, Johann Gottlob
* 02.03.1771 in Heynitz
† 05.12.1843 in Seebschütz
Gutsbesitzer in Mischwitz, ev.
∞ 09.05.1800 in Burkhardswalde

17.
Heyde, Johanna Regina
* 24.11.1779 in Schmiedewalde
† 28.01.1812 in Mischwitz
Bäuerin, ev.

18.
unbekannt
∞ mit

19.
unbekannt

20.
Rossberg, Johann Gottfried
Bauer und Gutsbesitzer, ev.
∞ mit

21.
Keil, Eva Rosina
aus Seebschütz
Bäuerin, ev.

22.
Petermann, Friedrich Gotthelf
Gastwirt und Bauerngutsbesitzer in Wölkisch, ev.
∞ mit

23.
Altermann, Rosina Maria
aus Pröba
Bäuerin, ev.

24.
Richter, Johann Rudolph
* 24.09.1774 in Höckendorf
† 26.08.1826 in Höckendorf
ev.
∞ 16.02.1816

25.
Richter, Christiane Concordie

Die Ahnenliste nach Stämmen

Eine andere Möglichkeit, die Ahnenliste zu führen, ist vor allem für tief greifende Forschungsarbeit zu den einzelnen Familien nützlich. Dabei werden die Personen nicht nacheinander laut ihrer steigenden Kennziffer aufgeführt, sondern nach Familiennamen geordnet. Dies ist – wie gesagt – für die Forschung sehr nützlich, da die Familienzugehörigkeit gut erkennbar ist und neue Personen schnell eingeordnet werden können. Anfänger verwirrt die Darstellungsform möglicherweise.

Zu beachten ist:
◆ Die Liste wird alphabetisch geführt.
◆ Familien sind nach Familiennamen einzuordnen.
◆ Zuerst wird derjenige eines Ahnenstammes aufgeführt, der die niedrigste Kennziffer besitzt.
◆ Die Generationszugehörigkeit lässt sich über die Kennziffern ermitteln.
◆ Zur besseren Übersichtlichkeit kann pro Ahnenstamm ein Blatt verwendet werden.
◆ Geben Sie neben Name, Geburtsdatum, Geburtsort, Sterbetag, Sterbeort und Beruf auch den Hochzeitstag und -ort sowie den Namen des Ehepartners an, damit die Verbindung zum nächsten Ahnenstamm deutlich wird.

Beispiel:
Die alphabetische Ahnenliste nach Stämmen geordnet (gekürzt)

1. Fischer, Hans Lothar, * 30.01.1930
2. Fischer, Rudolph, * 16.06.1895
4. Fischer, Karl Hermann, * 18.10.1839
8. Fischer, Karl Gotthold, *20.01.1812
16. Fischer, Johann Gottlob, * 02.02.1771

13. Grimmer, Christiane Regine, o/o

11. Petermann, Therese Wilhelmine, * 01.06.1818
22. Petermann, Friedrich Gotthelf, o/o

3. Richter, Hilma Helene, * 07.10.1893
6. Richter, Ernst Gustav, * 20.03.1856
12. Richter, Karl Heinrich, * 18.01.1820
24. Richter, Johann Rudolph, * 24.09.1774

5. Roßberg, Selma Lina, * 11.12.1849
10. Roßberg, Friedrich Wilhelm, * 23.03.1817
20. Rossberg, Johann Gottfried (ab hier andere Namensschreibweise), o/o

7. Wolf, Clara Bertha, * 06.05.1857

Die Ahnentafel

Auch wenn die Ahnenliste, die Liste der Familien Fischer und Richter und deren Vorfahren, noch nicht vollständig ist, lässt sich vieles zwischen den Zeilen lesen. Noch deutlicher wird dies, wenn Sie eine Ahnentafel aufstellen.

Denn: Nimmt die Ahnenliste mehrere Seiten ein, kann sie unübersichtlich werden. Die Ahnentafel ordnet die Ahnen ausgehend vom Probanden in aufsteigender Abstammungslinie auf einem Blatt an.

Am unteren Ende steht der Proband, der Ersteller oder die Erstellerin. Darüber ordnet sich das Elternpaar an, links der Vater und rechts die Mutter. Die Ahnentafel gliedert sich daraufhin folgendermaßen auf:

Die Ahnen väterlicherseits erscheinen in der linken, die Vorfahren mütterlicherseits auf der rechten Seite. Dieses Prinzip gilt bei jedem Ahnenpaar: links der Vater, rechts die Mutter.

Bereits bei vier Generationen entsteht eine Ahnentafel mit einem Probanden, zwei Eltern, vier Großeltern, acht Urgroßeltern und sechzehn Ururgroßeltern.

BEISPIEL EINER AHNENTAFEL MIT KENNZIFFERN:

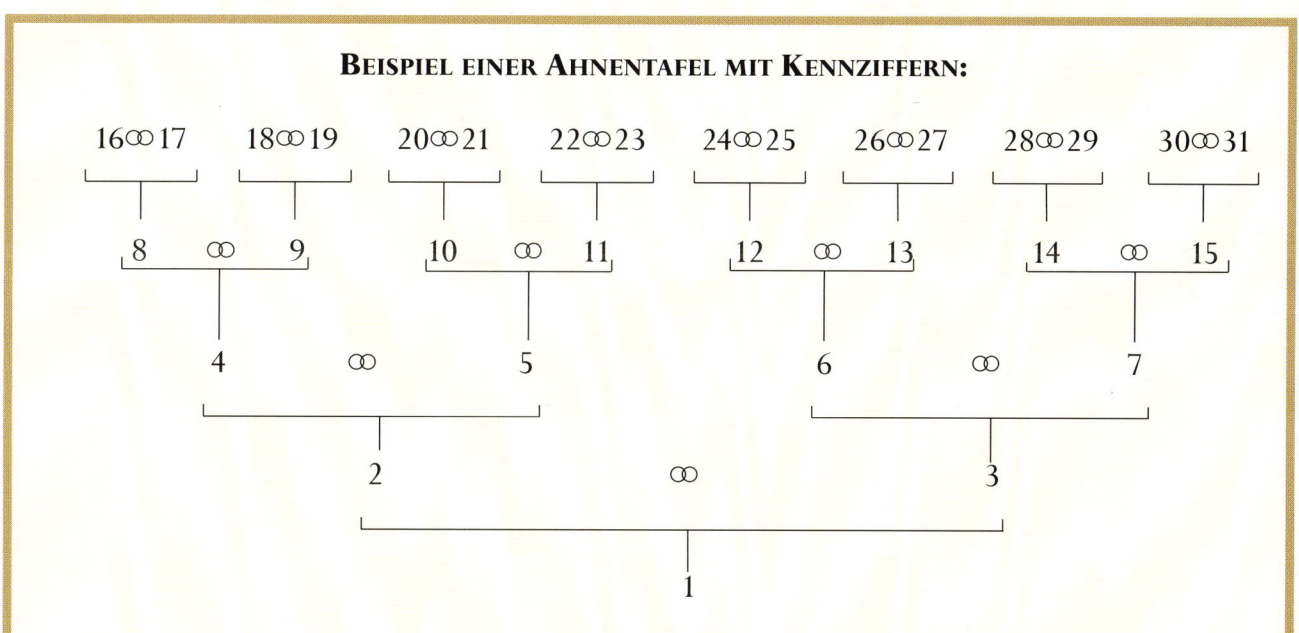

Diese Ahnentafel können Sie natürlich auch seitlich ausrichten.

Ahnentafel mit Kennziffern, seitlich ausgerichtet:

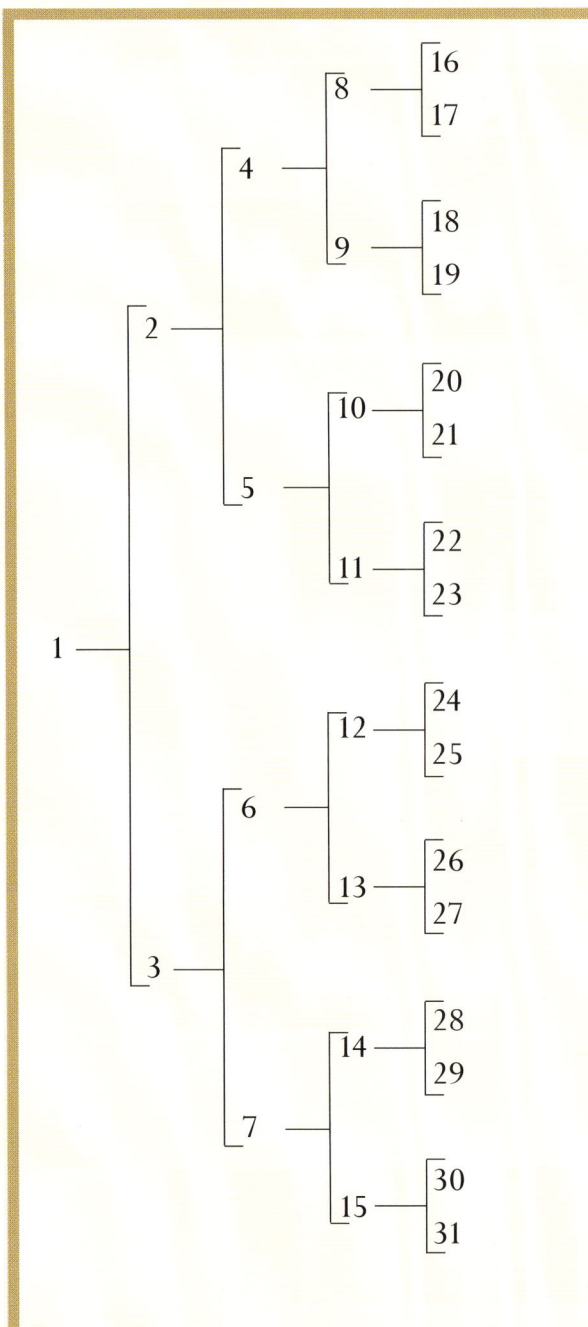

Kopieren Sie sich das nebenstehende Muster einer Ahnentafel (DIN A4), damit Sie es in Ihre Unterlagen heften können.
Bei einer Ahnentafel, die auf mehrere Generationen zurückgeht, empfiehlt es sich, Papier ab Größe DIN A4 aufwärts zu verwenden. Diese Muster sind für Ihre Unterlagen bestimmt. Befassen Sie sich mit einem vollendeten Ahnen- (vom Probanden ausgehend) oder Stammbaum (vom Stammvater ausgehend) für Ihre farbig präsentierte Familienchronik, dann nutzen Sie die Vorlage, die als Faltblatt in dieses Buch eingelegt wurde – oder entwerfen Sie ein eigenes Blatt. Ebenso hilfreich sind die zahlreichen Genealogie-Programme, die Ihnen Dokumente und Muster bieten, die Sie ausfüllen können. Diese werden automatisch dort abgelegt, wo Sie es wünschen.

Eine Ahnentafel, die vom Probanden ausgeht, kann nicht nur über Sie, sondern von zahlreichen Ahnen ausgehend angefertigt werden. Setzen Sie den jeweiligen Probanden in die Nummer 1 des jeweiligen Blattes ein. Notieren Sie auf dem Blatt, welcher Kennziffer die Nummer 1 dieses Blattes entspricht.

Beispiel: Sie fertigen eine Ahnentafel für Ihren Großvater väterlicherseits an und geben ihm die Nummer 1 auf dem Blatt. In Ihren Unterlagen wird Ihr Großvater väterlicherseits allerdings als Kennziffer 4 geführt. Halten Sie dies unbedingt auf dem Kopf des Blattes in der entsprechenden Zeile fest. Kennziffer 1 entspricht Kennziffer: 4.

Sollten Sie weiter als vier Generationen zurückgehen, verdoppelt sich der Umfang der jeweiligen Elterngeneration. Da bereits die fünfte Generation aus 16 Personen besteht, wird hierfür ein eigenes Blatt angelegt.

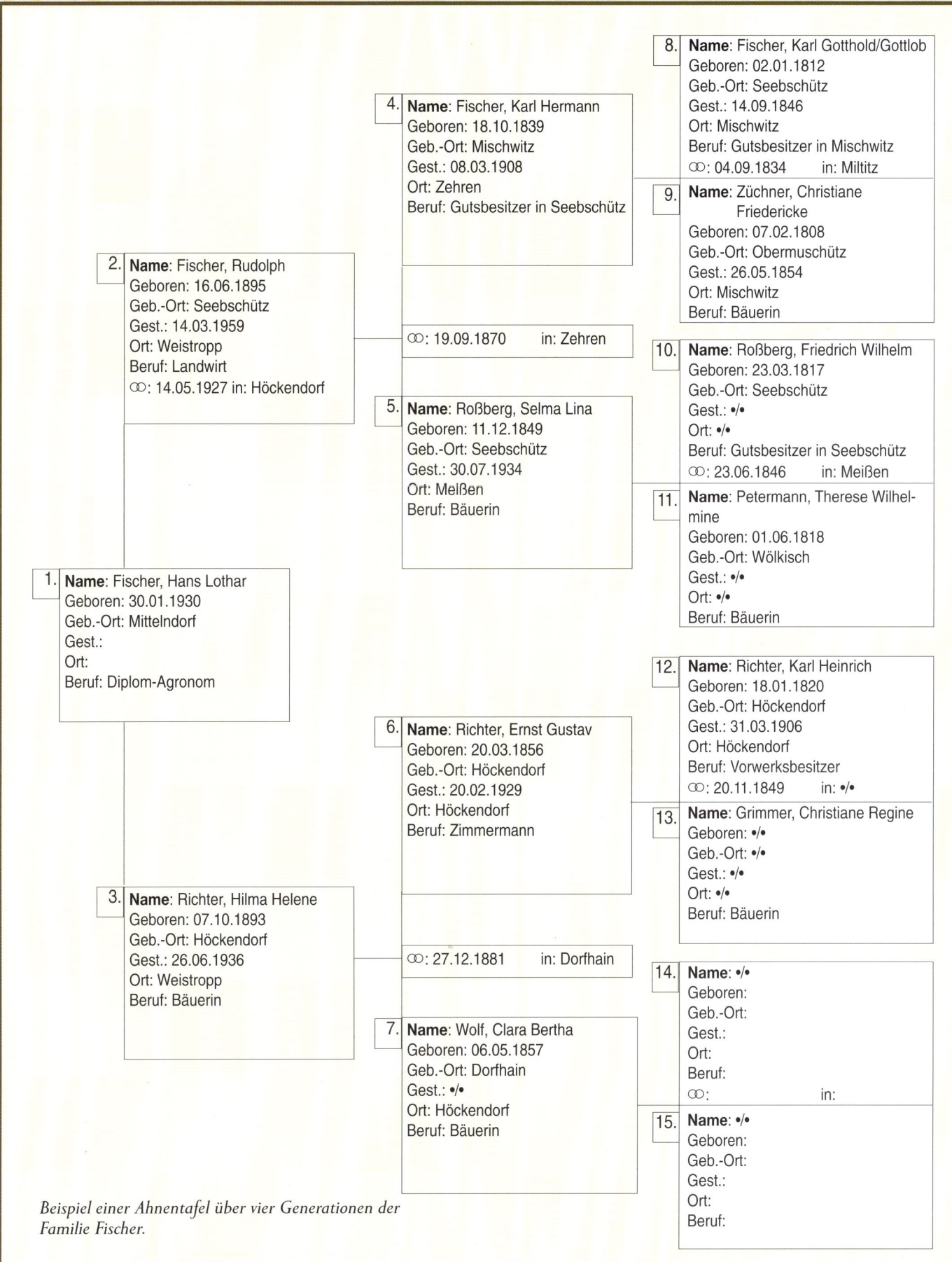

Beispiel einer Ahnentafel über vier Generationen der Familie Fischer.

AHNENLISTE FÜR VIER GENERATIONEN

Name Ersteller/Erstellerin:

....
Datum: ....
Wohnort: ....
Kennziffer 1 entspricht
Kennziffer :..............................

2. Name:
Geboren:
Geb.-Ort:
Gest.:
Ort:
Beruf:
∞:					in:

1. Name:
Geboren:
Geb.-Ort:
Gest.:
Ort:
Beruf:

3. Name:
Geboren:
Geb.-Ort:
Gest.:
Ort:
Beruf:

4. Name:
Geboren:
Geb.-Ort:
Gest.:
Ort:
Beruf:

∞:					in:

5. Name:
Geboren:
Geb.-Ort:
Gest.:
Ort:
Beruf:

6. Name:
Geboren:
Geb.-Ort:
Gest.:
Ort:
Beruf:

∞:					in:

7. Name:
Geboren:
Geb.-Ort:
Gest.:
Ort:
Beruf:

8. Name:
Geboren:
Geb.-Ort:
Gest.:
Ort:
Beruf:
∞:					in:

9. Name:
Geboren:
Geb.-Ort:
Gest.:
Ort:
Beruf:

10. Name:
Geboren:
Geb.-Ort:
Gest.:
Ort:
Beruf:
∞:					in:

11. Name:
Geboren:
Geb.-Ort:
Gest.:
Ort:
Beruf:

12. Name:
Geboren:
Geb.-Ort:
Gest.:
Ort:
Beruf:
∞:					in:

13. Name:
Geboren:
Geb.-Ort:
Gest.:
Ort:
Beruf:

14. Name: •
Geboren:
Geb.-Ort:
Gest.:
Ort:
Beruf:
∞:					in:

15. Name:
Geboren:
Geb.-Ort:
Gest.:
Ort:
Beruf:

(Muster zum Kopieren)

16. Name: Beruf:
    Geboren: in:
    Gest.:   in:
    ∞:   in:

17. Name: Beruf:
    Geboren: in:
    Gest.:   in:

18. Name: Beruf:
    Geboren: in:
    Gest.:   in:
    ∞:   in:

19. Name: Beruf:
    Geboren: in:
    Gest.:   in:

20. Name: Beruf:
    Geboren: in:
    Gest.:   in:
    ∞:   in:

21. Name: Beruf:
    Geboren: in:
    Gest.:   in:

22. Name: Beruf:
    Geboren: in:
    Gest.:   in:
    ∞:   in:

23. Name: Beruf:
    Geboren: in:
    Gest.:   in:

24. Name: Beruf:
    Geboren: in:
    Gest.:   in:
    ∞:   in:

25. Name: Beruf:
    Geboren: in:
    Gest.:   in:

26. Name: Beruf:
    Geboren: in:
    Gest.:   in:
    ∞:   in:

27. Name: Beruf:
    Geboren: in:
    Gest.:   in:

28. Name: Beruf:
    Geboren: in:
    Gest.:   in:
    ∞:   in:

29. Name: Beruf:
    Geboren: in:
    Gest.:   in:

30. Name: Beruf:
    Geboren: in:
    Gest.:   in:
    ∞:   in:

31. Name: Beruf:
    Geboren: in:
    Gest.:   in:

DIE AHNENTAFEL ANALYSIEREN

Sehen Sie sich nun unser Beispiel der Ahnentafel an, legen Sie die Ahnenliste dazu, die bereits bis in die fünfte Generation vor allem bei Fischer, Roßberg und Richter zurückgeht – und erkennen Sie die Details:

Wie die meisten Menschen in den vergangenen Jahrhunderten lebten auch diese Familien innerhalb eines bestimmten Gebietes, das selten über die Ausdehnung von 50 Kilometern hinausging.

Die männliche Stammlinie Fischer wohnte über mehrere Generationen in Seebschütz und Mischwitz in Sachsen. Als Gutsbesitzer gehörten Sie zu den Großbauern (8., 10., 16., 20.), heirateten Töchter (5., 10.) aus der Gegend, deren Eltern ebenfalls Gutshöfe besaßen und deshalb sachkundig in der Wirtschaft mitarbeiten konnten. Der Rufname des Vaters wurde vererbt, ein zweiter Vorname dazugestellt, der als Rufname galt (8., 4.). Fünf bis zehn Nachkommen waren normal. Dies wird vor allem in der Stammtafel deutlich (nächste Seiten). Doch egal, wie viele Kinder aus der Ehe hervorgingen, sie blieben gewöhnlich in der näheren Umgebung wohnen. Die Söhne der Gutsbesitzer wurden ausbezahlt und konnten sich ein neues Gut – oder bei recht großer Geschwisterzahl – einen Bauernhof kaufen und wurden „Landwirt" (2. Rudolph). Andererseits konnte durchaus eine Witwe ein Unternehmen in die Ehe bringen, wie dies bei der Familie Richter geschah. Im Jahre 1774 heiratete die Witwe Geißler einen Stuhl-

„Erntesegen", Stich von 1893.

macher Richter, der dadurch Besitzer eines Vorwerks des verstorbenen Geißler wurde, das fortan über Generationen der Familie Richter gehören sollte. Auch das Gut in Seebschütz ging per Heirat in den Besitz der Familie Fischer über.

Nachdem sich die Familie Fischer im Gebiet um Mischwitz/Seebschütz aufhielt, der jüngste Sohn aber im etwas entfernten Höckendorf die Tochter der dort siedelnden Richters heiratete, deutet dies darauf hin, dass sich das Paar außerhalb der Geburtsorte der beiden Partner kennen lernte. Das Ehepaar lebte anschließend in Mittelndorf (Geburt des Sohnes) und in Weistropp, wo sich Rudolph Fischer als Landwirt niederließ und auch dort etwa 20 Jahre später verstarb.

Anhand der Ahnentafel zeigt sich: Hauptsächlich zwei Gründe verursachten einen Umzug – die Heirat oder die Arbeit.

Dieselben Gründe rufen in unserer Zeit die enorme Fluktuation der Menschen auf dem Globus hervor – allerdings sind die Distanzen, die ein Umzug heute mit sich bringt, zehnmal so groß – während sich die Zeiten der Sesshaftigkeit auf wenige Jahre oder Monate verkürzt haben.

Früher wuchs ein Bauernsohn in seinem Geburtsort auf, arbeitete im Gutshof mit, erbte diesen oder absolvierte eine Lehre (ging in eine „Stellung") in einem Gut in der Umgebung, heiratete und kaufte sich einen eigenen Hof, der möglichst nahe an der elterlichen Wirtschaft lag.

Heute ist es durchaus normal, zehnmal im Leben umzuziehen, dabei die Kontinente und auch die Arbeitsfelder sowie die Ehepartner zu wechseln. Damit erhöht sich natürlich auch die Datenflut, die zukünftige Genealoginnen und Genealogen zu bewältigen haben.

Je weiter Sie in die Geschichte Ihrer Ahnen zurückgehen, desto tiefer tauchen Sie in das Alltagsleben, in die Sitten, Bräuche und Moralvorstellungen der Menschen ein. Füllen Sie das Gerippe der Ahnentafel und Ihrer Chronik mit diesen zusätzlichen Informationen auf, so wird die Familiengeschichte plastisch und verständlich.

Das Gut in Seebschütz im Mai 1895 mit den Besitzern: Karl Hermann Fischer (Mitte mit Gewehr) und Selma Lina Roßberg (Frau mit Schürze) mit drei ihrer bis dahin acht Kinder. (Kolorierte Fotografie)

DIE STAMM- ODER NACHFAHRENTAFEL

Bei der Stammtafel werden die Nachfahren eines Ahnen aufgegliedert. Die Anordnung kann in Listen- oder Tafelform erfolgen. Stammtafeln nehmen außerordentlich viel Platz ein, weil hier sämtliche Nachfahren mit allen Geschwistern und Kindern der verschiedenen Linien erscheinen. Da die Anzahl der betreffenden Personen mit zunehmender Recherche steigt, steht nicht im Voraus fest, wie viele am Ende beteiligt sind. Erst wenn die gesamte Personenzahl erfasst ist, kann die Stammtafel angelegt werden. Um schließlich auf den Verfasser zu treffen, sollten nicht alle Ahnen, sondern nur die direkte Stammlinie, die vom Stammvater zum Verfasser führt, konkret verfolgt werden – natürlich wie üblich in männlicher Linie. Ein Beispiel für die Reduzierung auf die Stammlinie sehen Sie in der unten abgebildeten fiktiven Tafel. Wollen Sie eine Stammtafel über mehrere Generationen und ihre Abkömmlinge führen, ist es ratsam, Einzeltafeln anzulegen. Aufgrund des Umfanges sollten Sie bei Ihrer Stammtafel die Abkömmlinge zwar nummerieren, aber später vernachlässigen oder eventuell auf besagten Einzeltafeln führen.

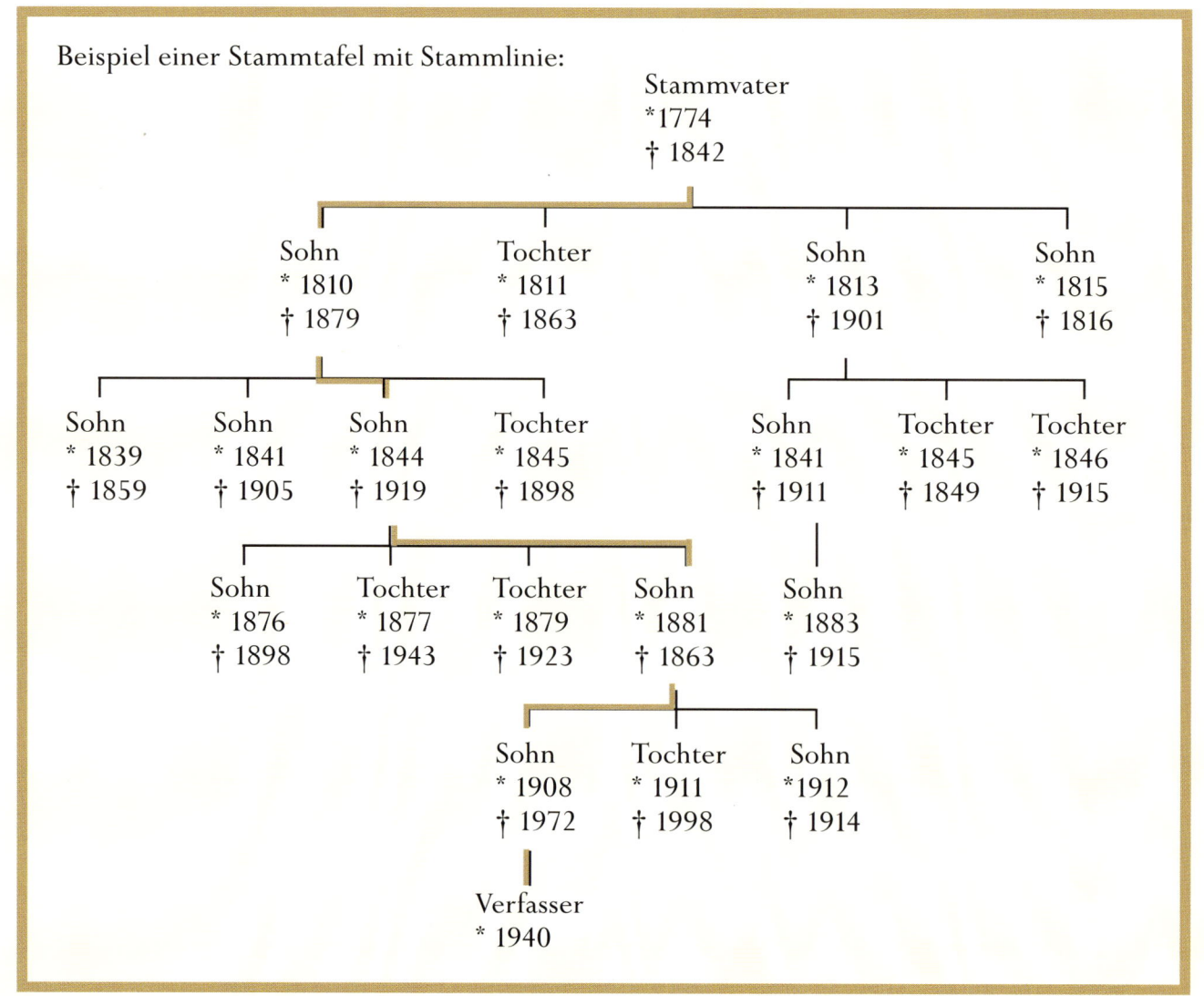

Beispiel einer Stammtafel mit Stammlinie:

DIE STAMMLISTE

Eine andere Möglichkeit, die Nachfahren eines Stammpaares aufzuzeigen, ist die Anordnung in einer Stammliste. Hierbei ändert sich die Nummerierung. Die Kennziffer I erhält der Stammvater. Die daraus resultierenden Kinder beziehen mit der Reihenfolge ihrer Geburt die Nummerierung mit der lateinischen 1 beginnend. Jede nachfolgende Generation erhält die nächste römische Ziffer, die stammführenden Söhne hier die alphabetische Einordnung. Verfolgen Sie anhand Ihrer Stammlinie die konsequente Linienführung, die Sie mit Ihrem Stammvater verbindet.

Mit der Bezeichnung durch römische Ziffern für die Generation und kleinen lateinischen Buchstaben für die Söhne bzw. Kinder der Söhne kann es mit zunehmender Anzahl der Generationen dazu kommen, dass die lateinischen Buchstaben nicht mehr ausreichen. Weitere Kennzeichnung mit alternativen Alphabeten oder auch Doppelbuchstaben ist durchaus möglich. Nur sollte dabei die Übersichtlichkeit bewahrt werden, zum Beispiel indem Sie Familienstämme auf eigenen Bögen führen.

Allerdings ist es mit dieser Methode schwierig, allein an der Zahl – ohne nachzuschauen – vom Sohn eindeutig auf den Vater zu schließen, da bereits bei folgendem Beispiel nicht sichtbar ist, ob III d Sohn von II a oder II b ist. Deutlich wird nur, dass III d der vierte Sohn (d) der Generation II ist.

Beispiel:
I
Name Stammvater
Geburtstag, Geburtsort, Konfession, Beruf, Sterbetag, Sterbeort
∞ Datum, Ort, mit
Name Stammmutter (Tochter des ... und der ...)
Geburtstag, Geburtsort, Konfession, Sterbetag, Sterbeort
Kinder:
1. Tochter, *, †, ∞ mit Name, *, †
2. Sohn, siehe II a
3. Sohn, siehe II b
4. Tochter, *, †

II a Sohn
Geburtstag, Geburtsort, Konfession, Beruf, Sterbetag, Sterbeort
∞ Datum, Ort, mit
Name Ehefrau (Tochter des ... und der ...)
Geburtstag, Geburtsort, Konfession, Sterbetag, Sterbeort

Kinder:
1. Tochter, *, †, ∞ mit Name, *, †
2. Tochter, *, †, ∞ mit Name, *, †
3. Tochter, *, †, ∞ mit Name, *, †
4. Sohn, siehe III a
5. Tochter, *, †, ∞ mit Name, *, †
6. Sohn, siehe III b

II b Sohn
Geburtstag, Geburtsort, Konfession, Beruf, Sterbetag, Sterbeort
∞ Datum, Ort, mit
Name Ehefrau (Tochter des ... und der ...)
Geburtstag, Geburtsort, Konfession, Sterbetag, Sterbeort
Kinder:
1. Sohn, siehe III c
2. Tochter, *, †, ∞ mit Name, *, †
3. Sohn, siehe III d
4. Sohn, siehe III e
5. Tochter, *, †, ∞ mit Name, *, †

BEISPIEL

Sie erinnern sich an die Stammlinie und die Ahnentafel Fischer? Hier wird die Stammliste aufgeführt, die beim Ahnen Johann Georg Fischer im Jahre 1744 beginnt und in direkter Abstammung zu Rudolph Fischer (und weiter) führt. Sehen Sie sich die Auflistung der Geschwister an, die allerdings hier im Weiteren vernachlässigt wurde. Die ausführliche Bearbeitung aller Beteiligten würde den Rahmen des Buches sprengen. Insofern ist natürlich auch die Bezifferung der Söhne in allerletzter Konsequenz nicht vollständig, da am Ende Rudolph Fischer mit V f bezeichnet wird, als der sechste Sohn der fünften Generation (zeitlich gesehen). Bei der Anzahl der Geschwister entspricht dies sicher nicht den Tatsachen. In der Vernachlässigung, die hier durchgeführt wird, stimmt die Bezeichnung allerdings wieder.

STAMMLISTE FISCHER (GEKÜRZT)

I
Fischer, Johann Georg, Knecht,
später Häusler in Heynitz, ev.
* 17.02.1744 in Heynitz
† 23.11.1818 in Heynitz
∞ Förster, Anna Regina in Heynitz, ev.
* 22.12.1749 in Heynitz
† 22.04.1824 in Heynitz
    11 Kinder
    Johann Gottfried, siehe II a
    Johann Gottlob, siehe II b (Stammlinie)
    Anna Regina, * 30.11.1772 in Heynitz,
    † 02.12.1792 in Heynitz
    Johanna Rosine, * 31.03.1774 in
    Heynitz, † 08.10.1774 in Heynitz
    Johann Gottlieb, * 21.08.1775 in
    Heynitz, † 04.02.1787 in Heynitz
    Johann George, * 12.10.1777 in
    Heynitz, † 30.01.1779 in Heynitz
    Johann Georg(e), siehe II c
    (hier im Weiteren vernachlässigt)
    Johanna Rosine, * 15.06.1782
    in Heynitz
    Johanna Rosine, * 13.01.1785
    in Heynitz
    Johann Gotthelf, siehe II d
    (hier im Weiteren vernachlässigt)
    Johann Samuel, siehe II e
    (hier im Weiteren vernachlässigt)

II a
Fischer, Johann Gottfried, ev.
* 04.08.1769 in Heynitz
† 15.06.1853 in Kottewitz
∞ mit Rücker, Johanna Rosine, ev.
am 28.09.1796 in Heynitz

II b
Fischer, Johann Gottlob
* 02.03.1771 in Heynitz
† 05.12.1843 in Seebschütz
Gärtner in Seebschütz, ev.
Gutsbesitzer in Mischwitz
∞ am 09.05.1800 in Burkhardswalde
mit Heyde, Johanna Regine, Bäuerin, ev.
* 24.11.1779 in Schmiedewalde
† 28.01.1812 in Mischwitz
    2 Kinder
    Johanna Rosine
    Karl Gotthold, siehe III a

III a
Fischer, Karl Gotthold
* 02.01.1812 in Seebschütz
† 14.09.1846 in Mischwitz
Gutsbesitzer in Mischwitz, ev.
∞ am 04.09.1834 in Miltitz
Züchner, Christiane Friedericke, Bäuerin, ev.
* 07.02.1808 in Obermuschütz
† 26.05.1854 in Mischwitz
    5 Kinder
    Ernst Louis, siehe IV a
    (hier im Weiteren vernachlässigt)
    Emma Auguste, * 10.01.1836

Gotthold Theodor, siehe IV b
(hier im Weiteren vernachlässigt)
Alma Berta, * 14.06.1838 (Anm.: wird als 5. Kind der K.G. im Kirchenbuch Zehren angegeben!)
Karl Hermann, siehe IV c

IV c
Fischer, Karl Hermann
* 18.10.1839 in Mischwitz
† 08.03.1908 in Zehren
Gutsbesitzer in Seebschütz, ev.
∞ am 19.09.1870 in Zehren
Roßberg, Selma Lina, Bäuerin, ev.
* 11.12.1849 in Seebschütz
† 30.07.1934 in Meißen
    9 Kinder
    Hermann Oskar, siehe V a
    (hier im Weiteren vernachlässigt)
    Hugo Max, siehe V b
    (hier im Weiteren vernachlässigt)
    Lina Hedwig, * 11.10.1874 in Seebschütz, † 17.12.1946 in Naundorf
    Arthur, siehe V c
    (hier im Weiteren vernachlässigt)
    Richard, siehe V d
    (hier im Weiteren vernachlässigt)
    Hugo, siehe V e
    (hier im Weiteren vernachlässigt)
    Thekla, * 23.09.1884 in Seebschütz, † 19.05.1971 in Coswig
    Alma, * 23.10.1885 in Seebschütz, † 04.03.1947 in Meißen
    Rudolph, siehe V f
    (hier im Weiteren vernachlässigt)

Sicher verdeutlicht Ihnen dieses Beispiel das Prinzip der Zählweise. Da aber bei vollständiger Auflistung die direkte Abstammung nicht klar ist, haben sich auch andere Nummerierungen durchgesetzt, sei dies eine fortlaufende Bezifferung oder eine in Dezimalschritten, wobei der neuen Generation die Kennziffer des Vaters vorangesetzt wird. Vielleicht entwickeln Sie auch ein neues übersichtliches System, das alle Generationen berücksichtigt und anhand der Bezeichnung konkrete Rückschlüsse von den Söhnen auf die Väter erlaubt, ohne dass Blätter und Seiten gewälzt werden müssen. Sehen Sie sich die genealogischen Programme an, dort erfolgt in den meisten Fällen die Einsortierung automatisch.

DIE MUTTERLINIE – DER MUTTERSTAMM

Die männlichen Ahnen allein genügen aber gewiss nicht, um komplette Rückschlüsse auf Ihre Familiengeschichte zu ziehen. In der Vergangenheit wurden die Mütter auf das Austragen der Kinder und die Aufzucht sowie den Zusammenhalt der Familie reduziert. Trotzdem hatten sie großen Einfluss auf den Werdegang der Kinder. Einige wenige Mütter durften sogar Berufe ausüben. Viele Schwestern und Töchter prominenter Männer bestachen durch weitaus größere Talente (Luise F. Pusch: „Schwestern / Töchter berühmter Männer", Suhrkamp) als ihre männlichen Verwandten – und haben diese sicher weitervererbt. Somit dürfte der genetische neben dem seelischen Einfluss weitaus größer auf die Nachkommenschaft sein, als angenommen wird.

Nach dem Mutterstamm zu forschen, lohnt sich ebenfalls. Der Mutterstamm wird folgendermaßen geordnet:
Mutter, Großmutter, Urgroßmutter und so weiter. Als Gegenstück zur männlichen Stammlinie enthält er die ungeraden weiblichen Ahnenziffern 3, 7, 15, 31, 63 etc.
Für unser Beispiel der Familie Fischer bedeutet dies:

3 Richter, Hilma
7 Wolf, Clara Bertha
15 ...
31 ...

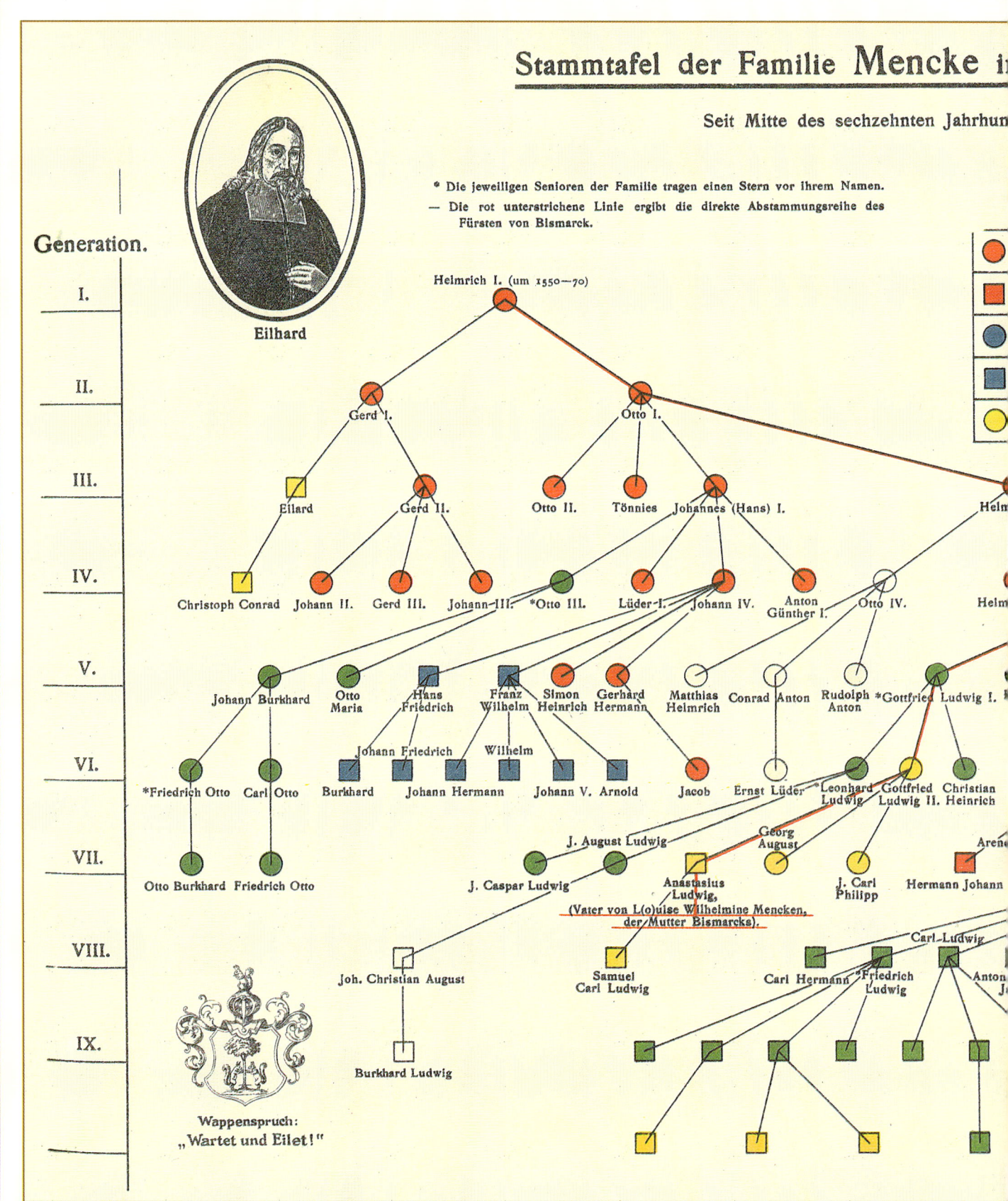

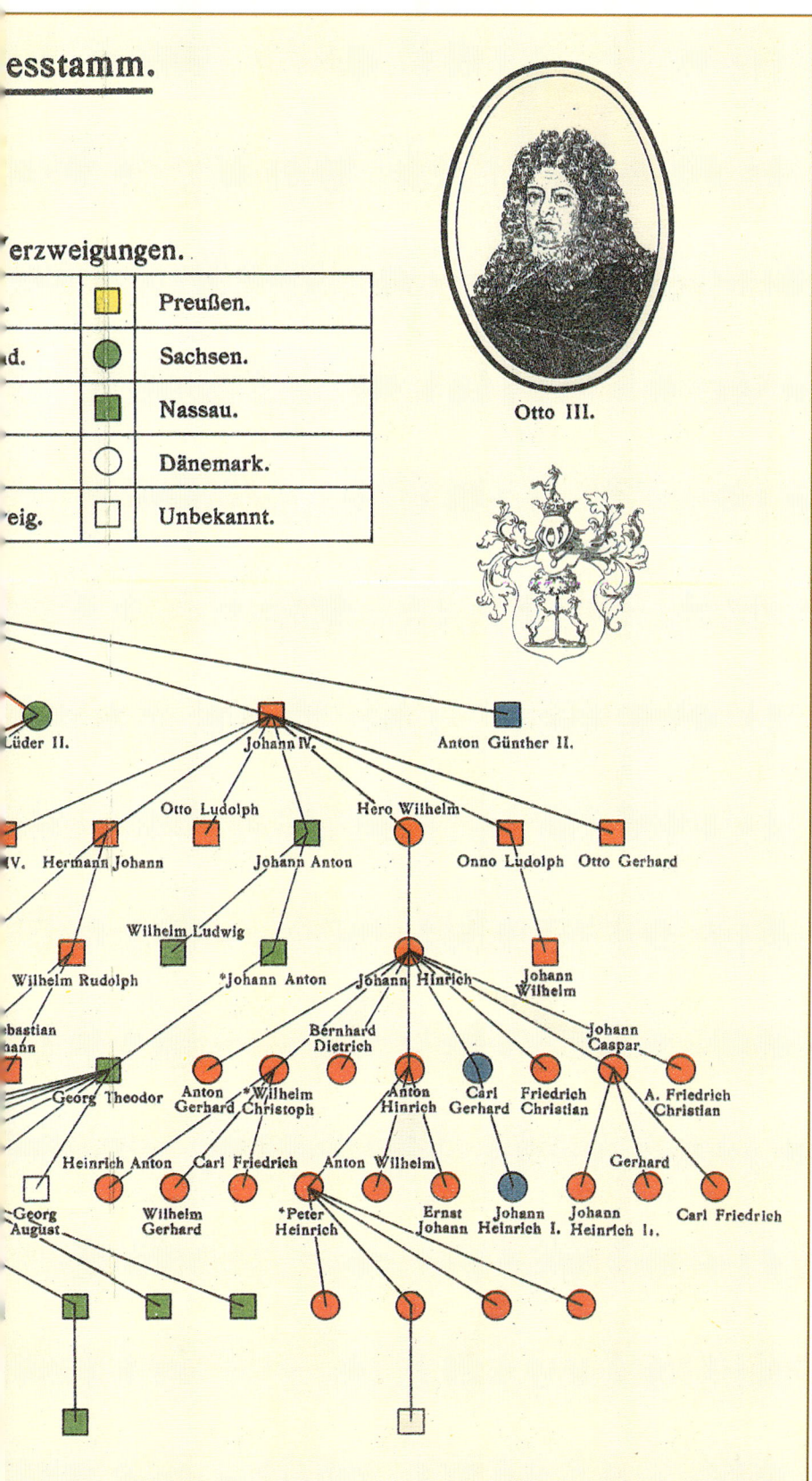

Sie können auch von der männlichen Linie ausgehend auf den Mutterstamm schwenken und dort Forschungen anstellen, die interessant werden könnten. Denn sicher waren die Männer der Stammlinie mit interessanten Frauen verheiratet, die vielleicht aus geschichtsträchtigen Familien stammten. Es kann ebenso gut möglich sein, dass Sie aufgrund des Mutterstamms auf adelige Vorfahren treffen – oder auf berühmte Musikerinnen, Handwerkerinnen oder Bäuerinnen!

„Stammtafel der Familie Mencke im Mannesstamm", 1909.
Louise Wilhelmine von Bismarck geb. Mencke war die Mutter Otto von Bismarcks, des Reichskanzlers des Deutschen Reiches von 1871.

DER AUFBAU IHRER CHRONIK

Eine Familienchronik ist niemals vollkommen abgeschlossen. Vielmehr können Sie zu jeder Zeit entweder unverhofft oder durch jahrelange kontinuierliche Suche die Lücken in der Vergangenheit schließen. Fest steht aber: Die Chronik beleuchtet die Ahnenvergangenheit vom jetzigen Zeitpunkt und auch aus Ihrer Sicht heraus.

Im Wandel der Geschichte kommen und gehen die Generationen. Jeder Mensch hinterlässt einen eigenen wechselvollen Lebenslauf, der nicht nur aus Zahlen und Fakten besteht.

Denken Sie daran, wenn Sie über Ihre Familie eine Chronik anlegen. Es genügt nicht, nur die Daten zusammenzufassen oder Fotos einzukleben. Auch die Ahnenliste oder der Stammbaum werden durch zahlreiche Informationen erst lebendig. Bauen Sie deshalb die Familienchronik wie ein wertvolles Dokument oder Buch auf, das optisch und inhaltlich die darin Lesenden überrascht.

Folgende Seiten sollte Ihre Familienchronik enthalten:
◆ Deckblatt
◆ Vorwort
◆ Geschichtlicher Abriss allgemein mit geschichtlichem Abriss vor Ort
◆ Landkarten im Wandel der Zeiten
◆ Beschreiben Sie die Bräuche, Kultur und Moral dieser Zeitspannen.

Zur Familie
◆ Erläuterung des Familiennamens
◆ Beschreibung der Berufe, die häufig auftreten

◆ die ausführliche Stammliste und Ahnenliste, exakt nummeriert
◆ Fotos und kleine Lebensläufe mit Besonderheiten einiger ausgefallener Vorfahren, vielleicht auch des Stammvaters
◆ kleine Anekdoten (bitte kurz erzählt und mit Pointe!)

◆ Schließen Sie die Chronik mit einem recht ausführlichen, farbenprächtigen Stammbaum ab.

◆ Glossar, Quellen- und Personenregister

◆ Denken Sie daran: Eine Chronik ist nie abgeschlossen!

Würzen Sie Ihre Familienchronik mit alten Familienfotos.

KLEINER GESCHICHTLICHER ABRISS
DER VERGANGENEN VIER JAHRHUNDERTE:

16. – 17. Jahrhundert

Nach den großen Reformationswellen in Deutschland, bei denen es zur religiösen Spaltung der Nation kam, setzt unter Rudolf II. (1576-1612) die Gegenreformation ein, die in einigen Ländern den Katholizismus wieder gewaltsam einführt.

Zwischen 1582 und 1584 findet der Kölnische Krieg statt, in dem die spanischen Truppen die Reformation im Erzbistum Köln verhindern.

Herzog Maximilian I. von Bayern katholisiert 1607 gewaltsam die Reichsstadt Donauwörth.

Die protestantischen Fürsten vereinigen sich unter Pfälzer Führung zur Union. Die katholische Liga tritt dieser unter bayerischer Leitung entgegen.

Die religiösen Gegensätze führen mit dem Fenstersturz zu Prag und dem Böhmisch-Pfälzischen Krieg zum Dreißigjährigen Krieg. Zwischen 1618 und 1648 werden in Europa etwa 15 000 Siedlungen zerstört. Der Westfälische Frieden beendet 1618 den Krieg, wobei Deutschland in 2 000 souveräne Kleinstaaten zerfällt.
Etwa 9 Millionen Menschen verlieren während des Dreißigjährigen Krieges ihr Leben.

Die Schweden erhalten durch den Friedensvertrag Vorpommern, Stettin, Rügen, Usedom, Wollin, Wismar und Bremen. Das Elsass fällt an Frankreich, die Oberpfalz geht an Bayern, Lausitz an Sachsen, das Bistum Schwerin an Mecklenburg. Die Schweiz und die nördlichen Niederlande scheiden endgültig aus dem Reich aus. Landesfürsten erhalten fast volle Souveränität.
Der Augsburger Religionsfriede von 1555 gilt auch für alle Protestanten.
Der Papst verdammt den Friedensvertrag.

1697 geht Freiburg i. Br. an Frankreich, 1681 besetzt Frankreich das Elsass und Straßburg.

1699 wird Österreich zur Großmacht. Seit 1687 ist es in Personalunion mit Ungarn verbunden.

18. Jahrhundert

Kursachsen erwirbt 1697 die polnische Krone und geht bis 1763 eine Personalunion mit Polen ein.

1701 wird Preußen Königtum. Nach der Niederlage der Schweden geht Vorpommern an Preußen. Friedrich Wilhelm I. schafft mit einer straffen Staatsverwaltung eine zweite Großmacht innerhalb des Deutschen Reichs.

1714 tritt Hannover in die Nachfolge der britischen Könige ein. Die Personalunion hält bis 1837.

Nach dem Tod von Kaiser Karl VI. (1711-1740) erlischt der habsburgische Mannesstamm. Seine Tochter Maria Theresia, Kaiserin von Österreich von 1740-1780, verschafft im Österreichischen Erbfolgekrieg ihrem Mann im Jahre 1745 als Franz I. die Kaiserkrone.

Im Siebenjährigen Krieg (1756-1763) von Österreich, Frankreich und Russland gegen Preußen führt Friedrich II. sein Land zur europäischen Großmacht.

Zwischen 1772 und 1795 findet die polnische Teilung durch Österreich, Preußen und Russland statt.

Die „Aufklärung" als geistige Strömung mindert die religiösen Gegensätze.

1789 erschüttert die Französische Revolution sämtliche europäischen Staaten und stellt in Deutschland den Absolutismus infrage. Durch das Eingreifen Österreichs und Preußens zerbricht infolge der Revolutionskriege das Deutsche Reich.

1795 muss Preußen das linke Rheinufer an die Französische Republik abtreten.

19. JAHRHUNDERT

Das Deutsche Reich wird unter den Großmächten aufgeteilt. Oldenburg, Ostfriesland, Bremen, Hamburg und Lübeck gehen an das Französische Kaiserreich. 1806 treten die süd- und westdeutschen Staaten zum Rheinbund unter französischem Protektorat zusammen und aus dem Deutschen Reich aus.

Kaiser Franz II. von Deutschland und Österreich legt auf Napoleons Geheiß die deutsche Kaiserkrone nieder.

Die preußische Großmacht bricht zusammen.

Im Tilsiter Frieden von 1807 verliert es das Land westlich der Elbe und zahlreiche polnische Gebiete. Napoleon gründet das Königreich Westfalen und das Großherzogtum Berg.

Sachsen und die anderen mittel- und norddeutschen Staaten schließen sich dem Rheinbund an.

1807 führen von Stein, von Hardenberg, Scharnhorst und von Gneisenau in Preußen die Reformbewegung ein, der die Bauernbefreiung, die Selbstverwaltung der Bürgerschaft und die Neuordnung des Heeres folgen.

Die französische Große Armee scheitert in Russland. Die Freiheitskriege gegen Napoleon beginnen. Russland unterstützt Preußen mit 150 000 Soldaten und befreit Berlin und Breslau. Insgesamt werden etwa 1 Million Soldaten aufgeboten.

Bayern und Österreich sind aus dem Rheinbund ausgetreten und haben sich den preußischen Freiwilligenkorps im Kampf gegen Napoleon angeschlossen.

1813 befreit die Völkerschlacht bei Leipzig Deutschland. Es ziehen 420 000 Menschen ins Feld, wobei mindestens 120 000 ihr Leben lassen.

Der Rheinbund löst sich auf. Der großen europäischen Koalition gelingt der Sturz Napoleons. Die Sieger ziehen in Paris ein. Im 1. Pariser Frieden 1814 werden die Grenzen von 1792 wieder eingesetzt. Nach Napoleons Rückkehr und erneuter Niederschlagung muss Frankreich im 2. Pariser Frieden auch Landau an Bayern und Saarlouis an Saarbrücken abtreten, behält aber das Elsass.

Auf dem Wiener Kongress werden die deutschen Einzelstaaten als souverän anerkannt und in einem losen Staatenbund, dem Deutschen Bund, geordnet.

1814 wird die allgemeine Wehrpflicht in Preußen gesetzlich eingeführt.

1818 werden in Bayern die ersten Volksvertretungen errichtet.

1834 entsteht der Deutsche Zollverein unter preußischer Führung und legt die Grundlage für die wirtschaftliche Einheit.

Die ersten Eisenbahnen werden gebaut.

1848 findet die Märzrevolution statt. Demokratische Wahlen bestimmen die deutsche Nationalversammlung, die 1849 eine liberale Reichsverfassung beschließt.

1850 wird der Bundestag wieder eingesetzt und der Deutsche Bund abermals hergestellt.

1862 wird Otto von Bismarck zum preußischen Ministerpräsidenten berufen, der die konservative Staatsmacht festigt.
1866 erklärt er den Deutschen Bund für nichtig und führt damit den Deutschen Krieg von 1866 herbei. Der Norddeutsche Bund ohne Österreich gründet sich. Nach allgemeinen Wahlen entsteht 1867 der norddeutsche Reichstag.

Beim Deutsch-Französischen Krieg beteiligen sich neben dem Norddeutschen Bund mit dem Präsidium Preußen auch die süddeutschen Staaten.

1870 treten in Versailles Bayern, Württemberg, Baden und Hessen dem Norddeutschen Bund bei, der den Namen Deutsches Reich annimmt.

1871 wird König Wilhelm I. zum deutschen Kaiser ausgerufen.
Reichskanzler ist Bismarck.

1878 führt Bismarck das Sozialistengesetz ein und verschärft das Verhältnis der Arbeiter zum Staat.

1879 werden Schutzzölle für die Landwirtschaft und Industrie eingeführt.
Die Innenpolitik verschärft sich zunehmend unter der konservativen Führung Bismarcks.

1888 kommt Wilhelm II. an die Macht und zwingt Bismarck zum Rücktritt.

1890 geht Helgoland im Tausch gegen Sansibar von Großbritannien an Deutschland.

20. Jahrhundert

1900 wird das zersplitterte Rechtswesen im Bürgerlichen Gesetzbuch vereinheitlicht.

56 Millionen Menschen leben in Deutschland.

1907 stellt sich – aufgrund politischer und wirtschaftlicher Zuspitzung – der Dreierverband aus Großbritannien, Frankreich und Russland gegen das Deutsche Reich.

1914 führt die Ermordung des österreich-ungarischen Thronfolgers nach überstürzten Handlungen zum Ersten Weltkrieg.

1918 bringt die Novemberrevolution das Reich zum Einstürzen. Kaiser Wilhelm II. dankt ab, die Regierungsgewalt wird den Sozialdemokraten als stärkster Partei übertragen und die Republik ausgerufen.
In Bayern wird nach dem Sturz der Wittelsbacher die Bayerische Republik gegründet.
Am 11. November kapituliert Deutschland bedingungslos.

1919 wird die verfassungsgebende Nationalversammlung gewählt, Frauen erhalten das Wahlrecht in Deutschland.
Friedrich Ebert wird zum ersten Reichspräsidenten der ersten Deutschen Republik, der Weimarer Republik, gewählt.

In Bayern wird die Räterepublik blutig zerschlagen.

Im Versailler Vertrag wird Deutschland die alleinige Kriegsschuld zugewiesen. Es verliert Elsass-Lothringen, Danzig, Posen, Westpreußen, Pommerland, Ostoberschlesien und alle Kolonien.
Deutschland hat erhebliche Reparationszahlungen zu leisten.

Hindenburg wird Reichspräsident.

1929 verursacht die Weltwirtschaftskrise eine Massenarbeitslosigkeit, Geldentwertung und die verschärfte innenpolitische Krise zwischen den Kommunisten und Nationalsozialisten.

Die Republik beginnt sich aufzulösen, die Nationalsozialisten unter Adolf Hitler steigen auf.

Am 30. Januar 1933 überträgt Hindenburg Hitler die Kanzlerschaft. Mit dem Ermächtigungsgesetz wandelt dieser die Republik in eine Diktatur um. Nach Hindenburgs Tod wird Hitler Staatsoberhaupt.

Hitler erzwingt 1938 den Anschluss Österreichs, lässt die Sudetengebiete und die Tschechei besetzen.
Mit dem Angriff auf Polen löst er 1939 den Zweiten Weltkrieg aus.

1941 wird die systematische Ermordung der Juden von der deutschen Regierung beschlossen. Die Vernichtungslager Auschwitz, Treblinka, Belzec, Sobibor, Chelmno und Maidanek beginnen mit der Ermordung.

Bis 1942 kommen im Krieg in Osteuropa 1,6 Millionen Soldaten aus Deutschland ums Leben.

1942 zerbomben die Luftangriffe der alliierten Streitkräfte Lübeck und Köln.

1943 gehen 90 000 Soldaten am Don in sowjetische Gefangenschaft. Davon kehren nur 6 000 nach 1945 zurück.

1944 müssen alle waffenfähigen Männer zwischen 16 und 60 Jahren in den Krieg ziehen.

1945 führen die alliierten Luftangriffe auf die Zivilbevölkerung zur Zerstörung von Magdeburg, Berlin, Dresden, Pforzheim, Essen, Dortmund, Nürnberg, Würzburg, Leipzig, Kiel, München, Paderborn, Hildesheim, Potsdam und Münster und damit zu Hunderttausenden von Toten.

2 Millionen Flüchtlinge werden aus den Gebieten Ostpreußens vor allem über das Meer nach Deutschland geführt. Über 18 000 Menschen kommen dabei ums Leben, weil U-Boote die Flüchtlingsschiffe versenken.

Zwischen dem 7. und 9. Mai 1945 kapitulieren die deutschen Streitkräfte.
In der Potsdamer Konferenz wird die Teilung Deutschlands beschlossen.

Insgesamt fordert der Zweite Weltkrieg über 30 Millionen Tote, davon 5,25 aus Deutschland, 20 aus der Sowjetunion, 4,5 aus Polen. 500 000 deutsche Zivilisten lassen ihr Leben.

Im zerschlagenen Deutschland sind 400 Millionen Kubikmeter Trümmer wegzuräumen, die so genannten Trümmerfrauen suchen verwertbare Ziegel aus dem Schutt.

16 Millionen Menschen, die aus ihrer Heimat im Osten vertrieben wurden, suchen neue Unterkunft.

Die Entnazifizierung findet statt.

In der sowjetischen Besatzungszone werden Grundbesitzer mit über 100 Hektar Land enteignet und Industrieanlagen abgebaut und in die Sowjetunion gebracht.

Berlin spaltet sich bereits während der Berliner Blockade von 1948-1949 in Ost und West.

1949 werden das Grundgesetz der Bundesrepublik Deutschland verabschiedet, die elf Bundesländer anerkannt und Bonn zur Hauptstadt gewählt. Konrad Adenauer wird Bundeskanzler.

1949 wird in der sowjetischen Besatzungszone die Deutsche Demokratische Republik gegründet mit eigener demokratischer Verfassung. Otto Grothewohl ist Ministerpräsident.

Millionen Menschen ziehen von Ost- nach Westdeutschland. Der Bau der Berliner Mauer 1961 verhindert die letzte Fluchtmöglichkeit.

Bis zur revolutionären Wende und dem Zusammenbruch der DDR im Jahre 1989 existieren beide deutschen Staaten nebeneinander.

1990 erfolgt die Wiedervereinigung, indem die DDR der BRD beitritt.

Wappen aus dem 11. Jahrhundert.

5.
Heraldik – Wege zum eigenen Familienwappen

Bereits die germanischen und römischen Krieger schmückten ihre Schilde mit Symbolen und Bildern. Schutzgottheiten, Legionszeichen oder das Sinnbild der Stammesfürsten wurden kunstvoll ins Metall gehauen oder aufgemalt. Im Unterschied zu den heraldischen Wappen, die einige Jahrhunderte später aufkamen, sollten diese ersten Symbole die Gemeinschaft kennzeichnen.

Etwas zur Geschichte

Als Mitte des 12. Jahrhunderts das Rittertum aufblühte, entwickelten sich die ersten Wappen, die vor allem zur Identifizierung des Einzelnen dienten. Der Grund in der Notwendigkeit lag an der „Bewaffnung" der berittenen Krieger. Während des Kampfes standen sich die Gegner in einer Vollrüstung gegenüber, wobei der Helm das gesamte Gesicht und Rüstung wie Schild den Körper verdeckten. Freund oder Feind waren nicht auseinander zu halten. Vornweg trug der Ritter den Schild, so dass es nahe lag, hier ein einzigartiges Symbol zu applizieren, das den Träger auswies. Fantasievolle Erkennungszeichen auf Schild und Helm entstanden und an der Art ihrer „Bewappnung", also der Verzierung ihrer Schutzwaffen, konnten sich die Kämpfer schließlich identifizieren. Das Wappenwesen war geboren.

Aus dem mittelhochdeutschen Wort „wapen", das für Waffen steht, ging der Begriff „Wappen" hervor. Zu den Waffen zählten Schutzschild, Helm sowie Helmdecke und Helmzier mit ihren Schmuckzeichen. Auch in der englischen Bezeichnung für das Vollwappen, „coat of arms", wie in der französischen, „Armoiries", lässt sich die ursprüngliche Bezeichnung der Bewaffnung nachvollziehen.

Rittertum und Ritterorden

Die größte Blüte erlebte das Rittertum während der Kreuzzüge von Ende des 11. bis Ende des 13. Jahrhunderts. Mithilfe der Berufskämpfer wollte die katholische Kirche das Heilige Land zurückerobern und führte deshalb kriegerische Handlungen in Palästina durch. Das schlagkräftige Heer der Reiter in schwerer Rüstung legte sich in der Folgezeit einen Ehrenkodex zu, der sich aus bestimmten Regeln zusammensetzte. Zu ihnen gehörten Zucht, kriegerische Tüchtigkeit, Treue zu den Lehensherren und ein ausgezeichneter christlicher Lebenswandel, der im positiven Sinne den Schutz der Schwachen einschloss. Allerdings kam ebenso das Elitedenken hervor und das adelige Standesbewusstsein mit dem Drang, sich von anderen Schichten abzusondern. Nebenbei zeigte das Rittertum berühmte schöpferische Strömungen: Es entstanden die Minne (Frauendienst) und der Minnesang, die Liebeslyrik, ebenso das höfische Epos.

Ritterliche Familien achteten auf eine sorgsame Erziehung ihres Nachwuchses. Knaben im Alter von sieben Jahren traten bei der Frau eines Ritters in den Pagendienst. Ab 14 Jahren durften sie dann den Knappendienst an der Seite eines Ritters versehen, bevor sie mit 21 Jahren den Ritterschlag erhielten. Zeigten sie während ihres Lebens ein unehrenhaftes Verhalten, konnte ihnen durchaus die Ritterwürde entzogen werden.

Mit der Umstellung der Kriegstechnik auf Feuerwaffen änderte sich die elitäre Stellung der Ritter. Aufsehen und Furcht erregten später die so genannten „Raubritter": Abtrünnige, die aus wirtschaftlicher Not der Piraterie frönten.

Die geistlichen Ritter-Orden, die während der Kreuzzüge aufkamen, verschmolzen ritterliche Tugenden und mönchische Gelübde miteinander. Zu ihnen gehörten die Johanniter, die Templer und der Deutsche Orden, die an den einfarbigen Mänteln mit aufgesticktem Kreuz zu erkennen waren. Hoch- oder Großmeister führten die Gemeinschaft an. Bis heute blieben einige Orden wie der katholische Malteserorden erhalten. Neben den geistlichen gibt es noch einige Ordensgesellschaften in unserer Zeit, die aus den weltlichen Ritter-Orden hervorgingen, wie zum Beispiel der Hosenbandorden. Aber auch das moderne Ordenswesen gründet sich zum Teil auf die traditionellen Werte sowie auf Rangstufen und Auszeichnungen der alten Ritter-Orden.

Ritterturnier im 16. Jahrhundert nach einem Stich von 1868.

Die moderne Heraldik entsteht

Zeitgleich mit der Ausbildung der Wappen tauchten die ältesten Siegel auf, die noch Ritter zu Pferd in voller Bewappnung zeigen. Später entwickelte sich aus den Symbolen und Formen der Schilde das Erkennungszeichen des Ritters. Bald übernahm die gesamte Familie das Zeichen. Frauen nutzten das Wappen ebenso, es wurde vererbbar. Doch die Symbole und Zeichnungen auf den Schilden reichten bald nicht mehr aus, um die Träger voneinander zu unterscheiden. Der Helm trat als weiteres Merkmal in Form, Farbe und Verzierung mit ein, schließlich gehörte er ebenso zur Schutzbewaffnung wie der Schild.

Achtung: Manche Personen besaßen durchaus mehrere Wappen, was daher kam, dass sie mehrere Siegel führten. Denn für verschiedene Rechte, die eine Person innehaben konnte, galten jeweils unterschiedliche Siegel. Was zur Folge hatte, dass ein Inhaber mehrerer Rechte auch mehrere Wappen führen konnte.

Als die behäbigen Vollrüstungen aus der Mode kamen, änderte sich das lebende Wappenwesen. Aufgrund der reformierten Kriegsführung, bei der mobiles Fußvolk ins Feld zog, standen sich die Ritter in ihrer Vollmontur nur noch im Turnier gegenüber. Ein strenges Regelwerk hatte dort Einzug gehalten, dem auch die Wappenkunde unterlag. Herolde, die Gehilfen der Ritter, achteten auf die Einzelheiten der Wappenbilder. Aus ihrer Tätigkeit und ihrem Namen leitete sich der Begriff der Heraldik ab. Später machte es der Adel unter sich aus, wer mit welchem Wappen auf dem Turnier oder bei anderen Veranstaltungen zugelassen war: Meist handelte es sich um Adelige mit Geld und altem Wappen. Bis heute hält sich aufgrund der kostspieligen Selektion die verbreitete Meinung, dass vor allem alter Geldadel ein Wappen besitzt. Dabei verliehen bereits ab dem 13. Jahrhundert, vor allem aber ab dem 15. Jahrhundert

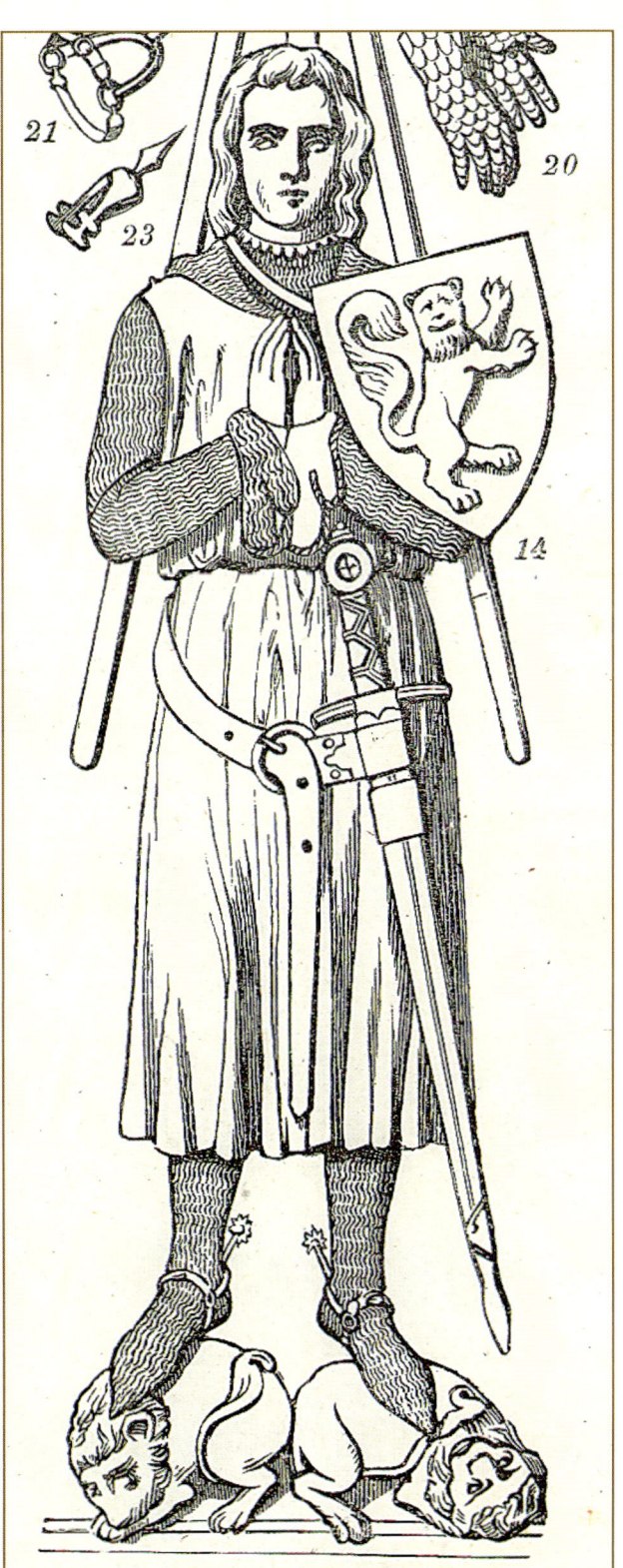

Ritterliche Tracht vom Ende des 13. Jahrhunderts nach einem Stich von 1868.

die Landesherren mit einem Wappenbrief ihren treuesten Dienern ein eigenes Wappen, das oftmals eng an das Wappen des Landesfürsten angelehnt war und im Gegensatz zu den Urwappen des Ur(ritter)adels als Kanzleiwappen in die Heraldik einging. Auch die Bürgerlichen schafften sich etwa ab dem 15. Jahrhundert Wappen an, um ihre Geschäfte zu besiegeln. Bekamen sie ein Wappen per Brief, also ein Briefwappen, verliehen, ging dies nicht unbedingt mit einer Erhöhung in den Adelsstand einher. Selbst freie Bauern nahmen ein derartiges Erkennungszeichen an, um Dynastien zu begründen oder Verkäufen mit diesem Siegel Nachdruck zu verleihen. Die Standeserhöhungen und Verleihungen von Adelswappen konnten allerdings tatsächlich nur Landes- und Territorialfürsten vornehmen. Tatsache ist ohne Frage, dass die meisten vorkommenden Wappen nicht durch Landesherren verliehen, sondern angenommen wurden.

Wappen des Römischen Reiches vom Jahre 1519.

Wappen galten jeher als Abzeichen von Personen und unterliegen auch in unserer Zeit strengen heraldischen Grundsätzen. Die Regeln schrieben einige Gelehrte bereits im 14. Jahrhundert auf. Zu Beginn des 18. Jahrhunderts formierten sich die ersten Lehrstühle für Heraldik an den Universitäten in Deutschland. Mit den Auswirkungen der französischen Revolution und nationalsozialistischen Auslegungen durchlebte die Heraldik in den kommenden Jahrhunderten ein Wechselspiel an Interesse. Erst in den sechziger Jahren des zwanzigsten Jahrhunderts erfuhr das Wappenwesen einen neuen Schub, als die Gemeinden des Landes ein kommunales Wappen als Symbol für ihren Auftritt wählten. Heute interessieren sich viele Menschen für ihre Familiengeschichte und koppeln dies mit der Stiftung eines eigenen Wappens.

TIPP: *Jede Person hat das Recht, ein eigenes Wappen anzunehmen oder zu stiften. Allerdings darf es nicht mit bestehenden Wappen anderer Personen übereinstimmen, damit Verwechslungen ausgeschlossen werden.*

Kaiserwappen von 1895.

Heraldik und Wappenkunst – Woraus besteht ein Wappen?

Heute verstehen wir unter Heraldik die Wappenkunde, die Wappenkunst und das Wappenrecht.

Die Wappenkunst unterliegt zahlreichen heraldischen Regeln, die Farben, Gestaltung und Verwendung betreffen. Nach wie vor gilt das Wappen noch heute als Kennzeichen seines Trägers oder seiner Trägerin. Die Formen und Farben richten sich außerdem nach ästhetischen Grundsätzen aus. Die Bilder und Symbole verdeutlichen oftmals als Sinnbilder den Namen, die Tätigkeit, Stärke oder Tradition. Sie sollten stark stilisiert und grundsätzlich zweidimensional auf dem Schild erscheinen, eine große Signalwirkung haben und trotzdem in verkleinerter Form, zum Beispiel auf dem Briefbogen oder als Siegel, noch gut zu erkennen sein.

Die Beschreibung eines Wappens (Blasonierung) gilt vom Träger aus gesehen: als rechts zählt das, was vom Betrachtenden aus links ist. Außerdem heißt die heraldisch rechte Seite auch „vorn". Zuerst wird der Schild von heraldisch rechts oben nach links unten blasoniert. Dann werden Decken und Helmzier mit Wulst und Krone beschrieben. In Ausnahmefällen, wenn etwa die Farbe von Stahl abweicht, wird auch der Helm erwähnt.

Nebenformen schmücken das Wappen zusätzlich oder unterstützen die Botschaft. Es gibt Schildhalter, die als Menschen oder Tiere den Schild dekorieren, aber auch Fahnen oder Spruchbänder, die unter dem Schild laufen, sowie Würden- und Rangabzeichen. Zu den Eigenheiten der Städtewappen gehört der Verzicht auf Helm, Helmzier und Nebenformen.

Das Wappen

Das Wappen besteht vor allem aus dem Schild, der das Bild trägt, und dem Oberwappen mit Helm, Helmzier und Helmdecke. Besonders bei Familienwappen sind neben dem Schild Helm und Helmzier symbolträchtig verzeichnet. Die Helmzier bildet eine üppige und fantasievolle Bekrönung des Helmes aus: Tiere, Fabelwesen, Hörner, Flügel, Kreuze oder Federn bekränzen im Wappen den Helm. Auch die Helmdecken nehmen reiche Formen an, müssen aber als Stoff erkennbar sein, denn es gab für deren Erfindung einst einen praktischen Grund. Während der Kreuzzüge trat unter dem Vollhelm aufgrund der orientalischen Temperaturen zuweilen ein Hitzestau auf, den die Kämpfer mit feuchten Leinentüchern zu mildern versuchten. Auf den Wappen entstanden aus den Leinen- oder Ledertüchern Triebe oder dekorative Stoffe mit Quasten, die das Wappen vom Helmdach ausgehend grafisch umranken.

Das Wappen von Schleswig-Holstein von 1895 trägt heraldisch rechts die Löwen und heraldisch links das Nesselblatt.

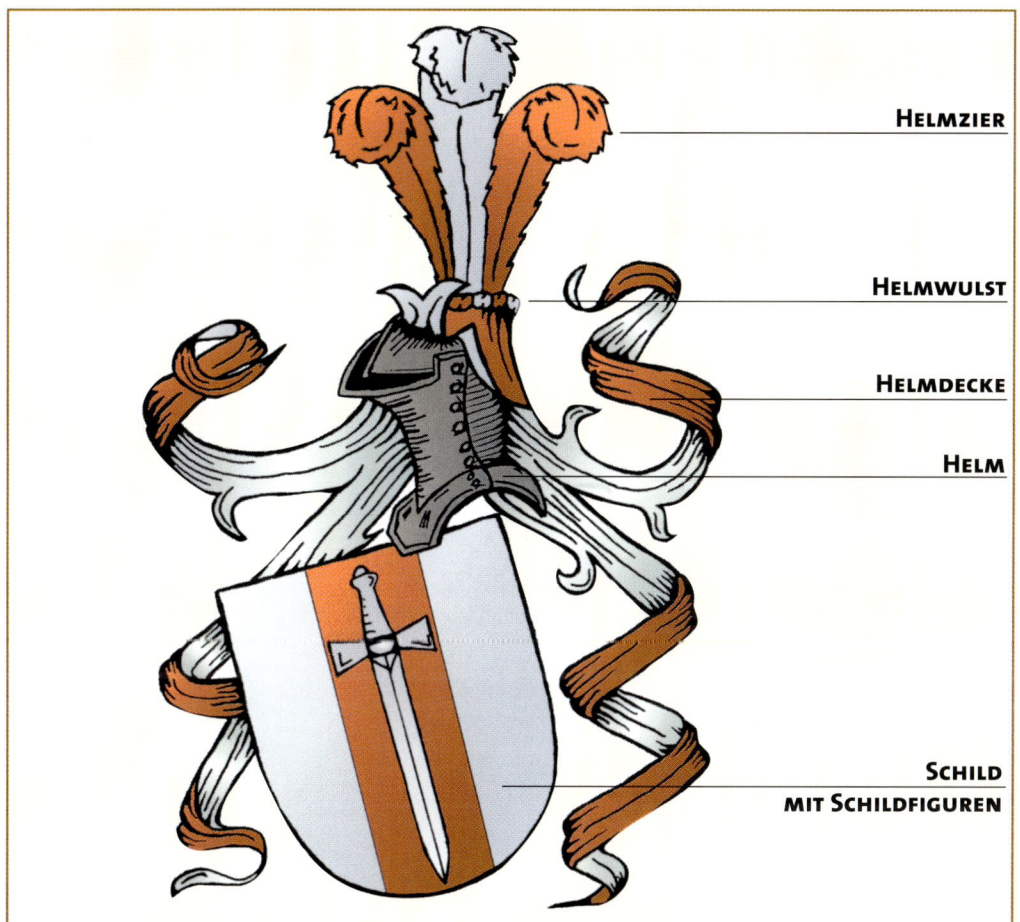

Ein Vollwappen mit seinen Einzelteilen.

KLEINES LEXIKON DER HERALDIK

Es gibt verschiedene Wappenarten:

◆ Die Wappen der Ritter und die Wappen der ältesten Adelsgeschlechter lassen sich als die so genannten Urwappen zusammenfassen.

◆ Als Briefwappen werden diejenigen Wappen bezeichnet, die Landesfürsten an Untertanen oder Bürgerliche verliehen, die dafür zwar nicht in den Adelsstand erhoben wurden, aber für ihr Wappen viel Geld an den Fürsten zahlen mussten.

◆ Kanzleiwappen wurden von den Kanzleien eines Landesfürsten ausgestellt und an Personen verliehen, die damit in den Adelsstand erhoben wurden. Diese Art der Adels- und Wappenverleihung ist noch heute in monarchisch regierten Ländern möglich.

Drei Beispiele für verschiedene Berufe: Architekten (links), Ärzte (Mitte) und Bäcker (rechts).

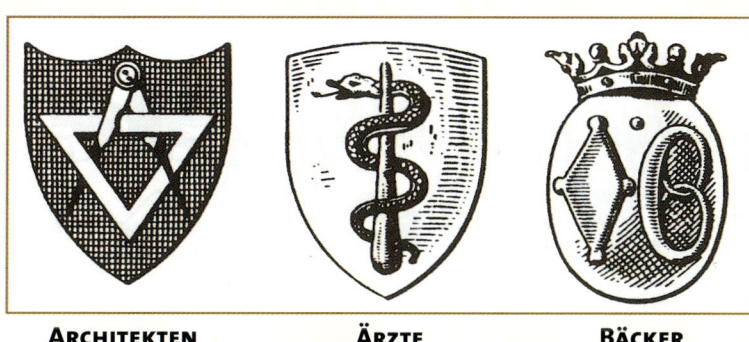

ARCHITEKTEN   **ÄRZTE**   **BÄCKER**

1. Bayern.
2. Königr. Sachsen.
3. Mecklenburg.
4. Baden.
5. Württemberg.
6. Braunschweig.
7. Hessen.
8. Schaumburg-Lippe.
9. Reuß.
10. Lübeck.
11. Anhalt.
12. Sächs. Herzogtümer. (S. Einzelwappen i. Werk).
13. Lippe.
14. Hamburg.
15. Bremen.
16. Waldeck.
17. Oldenburg.
18. Elsaß-Lothringen.
19. Schwarzburg (-Sondershausen).

Wappen deutscher Staaten aus dem Jahre 1895.

◆ Bauernwappen legten sich freie Bauern bereits im Mittelalter zu. Der Schild trug meist ein bäuerliches Symbol.

◆ Religiöse Wappen tragen statt des Helmes oder der Rangkrone eine typische Kopfbedeckung, wie bei katholischen Kirchenwappen eine Mitra oder den flachen Hut.

Dann gibt es noch:

◆ Redende Wappen, die mit ihren Figuren, Formen, Symbolen auf den Namen des Trägers/der Trägerin hinweisen. Beispiel: Fische können auf den Namen Fischer hinweisen, ebenso auf die Berufsbezeichnung.

◆ Staats- und Landeswappen, später kamen die kommunalen Wappen hinzu. Sie verzichten auf Helm und Helmzier.

◆ Vereinswappen, Ordenswappen, Zunftwappen, die alle zu den Gemeinschafts- und Gesellschaftswappen gehören.

◆ Allianzwappen entstanden durch die Verschmelzung zweier Adelshäuser. Trat dies durch Heirat ein, ist das Wappen entweder zweigeteilt oder es entstand ein Ehewappen, bei dem beide Wappen getrennt nebeneinander stehen. Das Wappen des Ehemanns befindet sich heraldisch rechts und ist durch Spiegelung dem Wappen der Ehefrau zugewandt (heraldisch: Courtoisie).

◆ Amtswappen gelten bis heute als Siegel. Öffentliche Dokumente von Kommunen oder Regierungsbezirken tragen Amtswappen. Auch kirchliche Würdenträger besitzen ein Amtswappen.

◆ Hausmarken gehören nicht zu den echten Wappen. Oftmals wurden sie über dem Hauseingang befestigt, um den Besitz anzuzeigen und sich vom Nachbarhaus abzugrenzen. Sie weisen keine Verzierungen auf, bestehen aus geometrischen Figuren, die nur aus Strichen gebildet sind. Trotzdem gilt es einiges zu beachten: Hausmarken erbte nur der älteste Sohn. Die anderen Familienmitglieder mussten sich zumindest kleine Abweichungen einfallen lassen, ehe sie die veränderte Hausmarke am eigenen Besitz anbringen durften.

Hausmarken über den Eingangstüren unterliegen nicht den heraldischen Regeln.

Der Schild

Der Schild ist der Hauptbestandteil des Wappens und tritt in verschiedenen Formen auf, die den Kampfschilden ab dem 12. Jahrhundert nachempfunden sind.

Die Schildformen

Aus den verschiedenen Schildformen, die immer wieder in den Schlachten verwendet wurden, sind nur wenige gebräuchlich. Zu diesen gehören der

Normannenschild,
Gotischer Dreiecksschild,
die Tartsche,

aber auch:
Rundschild,
Raute,
Klosterschild.

Heute allgemein üblich ist der Halbrundschild.

Das Bild – „Was einer im Schilde führt ..."

Der Ausspruch kommt nicht von ungefähr. Was im Schild der Kampfmontur zu sehen war, sprach oft Bände: Ein Löwe zeigte sich herrschaftlich, ein Kreuz wies auf den christlichen Hintergrund hin.

Später genügte es nicht, den Schildinhalt einfach zu teilen oder eine der üblichen Formen aufzumalen. Aufgrund der zahlreichen Wappen musste die Form oder Figur charakteristisch sein, durfte nicht mit anderen übereinstimmen – und musste trotzdem den heraldischen Grundsätzen entsprechen und einiges vom Träger erzählen.

Im Schildinhalt zu unterscheiden sind grundsätzlich gemeine Figuren und Heroldsbilder, auch Heroldsstücke genannt.

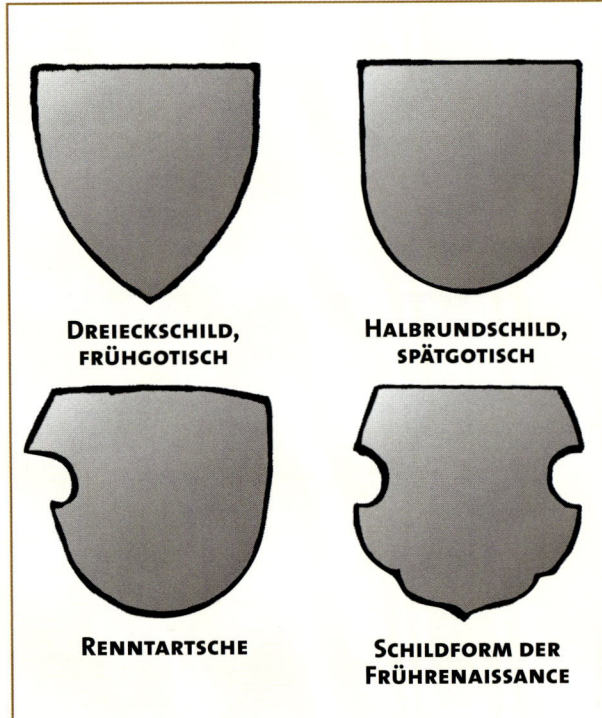

Wappen von Jost Ammann aus dem 16. Jahrhundert.

LÖWENKOPF, ABGERISSEN	**ANKER, BELEGT MIT EINEM FISCH**	**JUNGFRAU MIT BLUMENKRANZ**	**ADLER, BEKRÖNT**	**ROSE**	**DREI LILIEN (2:1)**

KAPELLE	**DREI MONDE, BALKENWEISE**	**RAD**	**DREI SCHWERTER, FÄCHERFÖRMIG**	**KÖNIGSKRONE**	**HIRSCHSTANGE, SCHRÄG LINKS**

Gemeine Figuren stehen frei im Schild, berühren also die Seitenränder nicht und leiten sich zumeist aus natürlichen Vorbildern ab. Bekannte Vertreter sind die Lilie verschiedener Fürstenhäuser, ebenso der Adler, der Löwe, Fabelwesen, Blumen, Bäume oder auch Waffen. Bilder stehen heraldisch rechts, was auch so viel wie vorn bedeutet, im Schild. Wenn das komplette Wappen den Namen des Inhabers bildlich darstellt, wird es auch redendes Wappen genannt.

Das Kreuz gehört als christliches Symbol zu den ältesten Formen. Als eine der ersten Figuren stand es auf dem Schild der Kreuzfahrer. Geht das Kreuz bis an die Schildränder, wird es als „durchgehend" bezeichnet, steht es frei, gilt es als „schwebend".

Es gibt zahlreiche Formen des Kreuzes, unter anderen:
Petruskreuz
Sternkreuz
Malteserkreuz
Lothringer Kreuz
Henkelkreuz
Kugelkreuz

Prägt das Schild die Heroldsfigur, dann bedeutet dies, dass sich das Schild in geometrische Formen unterteilt. Heroldsbilder laufen immer bis zum Rand. Andernfalls handelt es sich um eine schwebende Figur. Es gibt zahlreiche Schildteilungen, von denen hier einige vorgestellt werden.

Wappen von 1850.

GESPALTEN   **GETEILT**   **GEVIERT**   **SCHRÄGLINKS-GETEILT**   **Schildhaupt**   **Bord**

Pfahl   **Sparren**   **Schräglinks-balken**   **Geständert**   **schräg geviert**   **Kreuz**

Heroldstücke können sein:

geteilt
Balken
Leiste
2 x geteilt
5 x geteilt 4 Balken

Zinnenschnitt
Wellenschnitt
Wolkenschnitt
Doppelzinnenbalken
Wellenbalken
Schachbalken

gespalten
Pfahl
Faden
5 x gespalten
2 Pfähle
geviert

schräglinksgeteilt
schräg geteilt
Schrägbalken
3 x schräg geteilt
schräg geviert
geständert

Bord
Innenbord
halb gespalten und geteilt
halb geteilt und gespalten
gespalten und zweimal geteilt
zweimal gespalten und zweimal geteilt

geschacht
gerautet
Raute
rechte Stufe
Sparren
gestürzter Sparren

Spitze
Eingebogene Spitze
Gestürzte Spitze
Deichsel
Deichselschnitt
Göpel

Treffen Sie auf ein mehrfeldiges Schild, handelt es sich eventuell um ein Wappen, das auf mehrere Güter und Territorien hinweist – oder auf den Umstand, dass das Wappen niedrigem Adel verliehen wurde.

 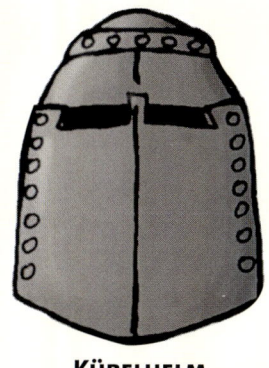  

TOPFHELM **KÜBELHELM** **STECHHELM** **BÜGELHELM**

DIE HELMFORMEN

An verschiedenen Merkmalen lassen sich bürgerliche von adeligen Wappen unterscheiden: Bürgerliche tragen einen geschlossenen Helm (Stechhelm), Adelige dagegen einen Bügelhelm (Spangenhelm). Auch Patrizier und Doktoren durften diese Helmform im Wappen verwenden, da sie im Ansehen dem Adel gleichgestellt galten. Allerdings wurde diese Regel erst später „dazuerfunden", denn es gibt zahlreiche bürgerliche Familien, die den Bügelhelm im Wappen führen, ohne ihn durch Verleihung erhalten zu haben. Werden Helm und Helmzier durch Rangkronen ersetzt, kennzeichnet dies den Hochadel wie Könige und Landesfürsten. In der Familienheraldik dominiert die Helmzier mit Federn und Tierköpfen. Schließlich sind vier Helmtypen in die Heraldik eingegangen: der Topfhelm, der Kübelhelm, der Stechhelm und der Bügel- oder Spangenhelm.

HELMZIER UND HELMDECKE

Helme tragen die Helmzier, einen außergewöhnlichen und charakteristischen Schmuck, der früher den einzelnen Ritter von anderen ähnlich aussehenden unterscheiden sollte. Die Helmzier thront auf dem Helm, ist an ihm befestigt und kann sowohl ein Fabelwesen, eine Figur wie den Adler, ein Symbol darstellen oder aus Federn, Hörnern oder entsprechendem Schmuck bestehen, der aus natürlichen oder künstlichen Materialien gebildet worden war. Unterschieden wird dies in der Darstellung dadurch, dass künstliche Gebilde zweidimensional, natürliche dagegen dreidimensional mit Schatten erscheinen. Die Helmzier fängt manchmal das Schildbild in der Form und häufig in der Farbgebung auf. Eine fantasievoll gestaltete Wulst zwischen Helm und Helmzier kaschiert zudem den Übergang.

Von Christian Ader entworfenes „sprechendes" Wappen, als Beispielwappen einer Familie Waldmann.

Die Vorgänger üppig verzierter Helmdecken stellten einfache Tücher dar, die sich die Ritter zum Schutz um den Helm legten, um nicht den heißen Temperaturen des Heiligen Landes ausgeliefert zu sein. Daraus entwickelte sich mit der Zeit ein fantasievolles Zierwerk, das in verschiedenen Formen enden kann. Die eigentliche Helmdecke sollte trotzdem zu erkennen sein. In alten und neuen Wappen fällt sie in mehreren Faltungen zu beiden Seiten des Helmes und Schildes herab und umrahmt dieses. Lichter und Schatten betonen die Zipfel und Spaltungen, in denen einstmals tatsächlich die Helmdecken herabgegangen haben könnten, nachdem sie im Kampf zerfetzt worden waren.

DIE FARBEN

Die Farben eines Wappens gehören zu seinen wichtigsten Merkmalen. Eigentlich unterscheidet die Heraldik nur vier Grundfarben: Rot, Blau, Grün und Schwarz. Purpur, als höchste geistliche oder weltliche Macht, wird selbstverständlich selten verwendet. Orange ist in Großbritannien gebräuchlich. Gold und Silber, die auch als Gelb oder Weiß dargestellt werden, gelten als Metalle. Auch kann durchaus eine Hand oder ein Arm fleischfarben dargestellt werden.

In der schwarzweißen Version erscheinen Farben schraffiert, wobei jede Farbe ihre eigene charakteristische Schraffierung besitzt.

Oben: Familienwappen.
Unten: Die Farben und ihre Schraffuren.

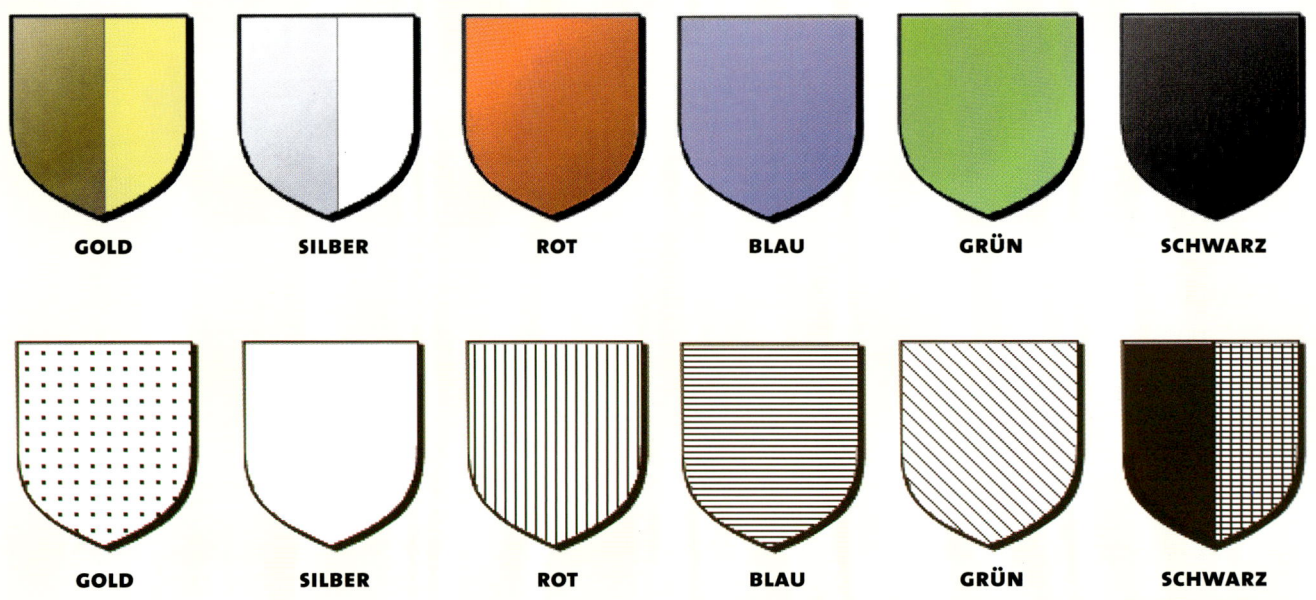

Die Bedeutung der Farben

Im 17. Jahrhundert wurde den Farben ein Sinn zugeordnet, um Gutgläubigen einfach und beeindruckend den Sinn eines Wappens erklären zu können. Heraldisch und historisch ist dies allerdings bedeutungslos:

Gold/Topas
Verstand, Ansehen, Reichtum, Hoheit, Würde

Silber/Perle
Reinlichkeit, Keuschheit, Weisheit, Unschuld, Freude

Rot/Rubin
Recht, Stärke, Liebe, Mut, Tapferkeit

Blau/Saphir
Treue, Ruhm, Aufrichtigkeit, Ehre, Weisheit, Beständigkeit

Schwarz/Diamant
Standhaftigkeit, Trauer, Demut, Frieden, Tod, Ausdauer

Grün/Smaragd
Freiheit, Schönheit, Freude, Gesundheit, Hoffnung

Purpur/Amethyst
kaiserliche Farbe, Hoheit, Würde, Herrlichkeit, Urteilskraft, Macht

Orange
ohne Symbolik

Braun/Natur
Naturfarbe, Drachenhaupt

Wappen verschiedener Familien.

Ein neues Wappen stiften

Sind Sie während der Ahnenforschungen nicht auf ein Familienwappen getroffen, ist es möglich, ein eigenes Wappen zu kreieren.

Tipp: Wenn Sie den Verdacht haben, dass Ihre Familie ein eigenes Wappen besitzt, dann suchen Sie in Wappensammlungen danach. Vielleicht hilft Ihnen das „Siebmachersche Wappenwerk" als wichtigste Quelle weiter oder das Generalregister der Deutschen Wappenrolle in Berlin, das der „Herold" führt.

Möchten Sie ein eigenes Wappen entwerfen, bedeutet dies, dass Sie sich in die Heraldik und deren Regeln gründlich einlesen sollten. Grundsätzlich ist zu empfehlen, zur Fachliteratur zu greifen und sich ebenfalls im Internet umzusehen. Dort bieten Ihnen heraldische Vereine fundiertes Wissen, außerdem stehen Fachleute mit speziellen Datensammlungen zur Verfügung. Dies ist unbedingt notwendig, um einerseits Stilbrüchen während der Kreation zu entgehen und die heraldischen Regeln konsequent zu beachten, andererseits um nicht versehentlich mit bereits vorhandenen Wappen rechtlich zu konfrontieren. Sicher möchten Sie außerdem, dass Ihr neues Familienwappen auch juristisch gesichert und in die Wappenrolle eingetragen wird.

Nachfolgend einige grundsätzliche Regeln:

◆ In Anlehnung an die Auflage, dass ein Schild in 200 Schritt Entfernung zu erkennen sein musste, sollten die Bilder und Symbole auch bei neu gestifteten Wappen gut erkennbar sein.

◆ Kombinieren Sie niemals Symbole unterschiedlicher Zeitgeschichte miteinander! Alle Elemente sollten aus einer Periode stammen.

◆ Wählen Sie Bilder und Symbole aus, die ihren Namen oder Beruf sinnbildlich darstellen. Die Krone sollte im bürgerlichen Wappen nicht auftauchen.

◆ Wörter oder einzelne Buchstaben sind nicht gestattet. In der Ausnahme lassen sich einzelne Buchstaben als Schildteilungen auslegen.

Farbregeln:

Es sollten grundsätzlich nur wenige Farben verwendet werden, um die Übersichtlichkeit und das Plakative zu erhalten.

◆ Stellen Sie niemals Farbe auf Farbe und niemals Metall auf Metall. Es gilt: Farbe auf Metall oder Metall auf Farbe.

Diese wichtige Farbregel diente dazu, durch die Hell-Dunkel-Kontraste das Gegenüber möglichst schnell zu identifizieren. Eine Ausnahme macht hierbei wieder die kirchliche Darstellung, bei der ein Auf- und Nebeneinander von Metallen erlaubt und gebräuchlich ist.

Eine Wappenschablone: Kopieren Sie sich die Vorlage für Ihren eigenen Entwurf.

◆ Zwei Farben oder zwei Metalle dürfen nicht aneinander stoßen. Sie müssen durch ein Metall oder eine Farbe voneinander getrennt sein.

Diese Regel muss bei Metall konsequent eingehalten werden. Bei der Farbgebung ist sie allerdings manchmal nicht zu realisieren. So kann das Schild durchaus zweifarbig sein und ein metallenes Symbol tragen, ebenfalls kann das zweifarbige Bild im metallenen Schild stehen.

◆ Es gibt keine Farbtöne und Farbabstufungen, sondern nur reine Farben.

Um das Plakative in der Wappenkunst hervorzuheben, werden Farben nur als reiner Farbton im mittleren Bereich verwendet. Allerdings liegt es im Ermessen des Betrachters, welche Farbstufe er als reines Mittelmaß ansieht.

◆ Der Helm wird metallfarben gezeichnet. Er besitzt einen Schatten.

REGELN FÜR DAS BILD:

◆ Schildbilder werden plakativ, ornamental und niemals naturalistisch oder plastisch dargestellt. Sie besitzen keinen Schatten.

◆ Sie sind immer nach rechts vorne gerichtet, wohlgemerkt aus heraldischer Sicht. Weicht das Bild von dieser normalen Stellung ab und ist es zum Beispiel nach hinten gerichtet, muss dies gemeldet werden.

◆ Eine der grafischen Grundregeln lautet außerdem, dass der Schildinhalt immer ausgewogen sein sollte und nicht nach einer Seite „kippt". Dafür müssen die (wenigen) Elemente im Raum gleichmäßig verteilt werden.

EIN WORT ZUM WAPPENRECHT

Wappen gelten als Kennzeichen. Ein Wappen darf nicht dem anderen gleichen, sondern muss sich hinreichend unterscheiden. Lassen Sie sich auf jeden Fall von einem Heraldiker, einer Heraldikerin oder einem Sachverständigen beraten.

Der „Herold" in Berlin, der Verein für Heraldik, Genealogie und verwandte Wissenschaften, führt die bedeutendste Wappensammlung, die „Deutsche Wappenrolle". Hier können Sie Ihr Wappen eintragen und prüfen lassen und sich damit Ihr Recht am Wappen sichern.

TIPP: *Lassen Sie Ihr Wappen in die Wappenrolle aufnehmen. Damit ist es anerkannt und gesetzlich geschützt.*

HERALDISCHE VEREINE

gibt es in der ganzen Welt. Bekannte Vertreter in Deutschland sind:

Heraldische Gemeinschaft Westfalen
Offene Wappenrolle
Bessemerstraße 51
44793 Bochum
westfalen-heraldik.de

Herold
Verein für Heraldik, Genealogie und verwandte Wissenschaften
Archivstraße 11
14195 Berlin

Adressen im Internet:

www.heraldik-wappen.de
www.ahnen-und-wappen.de

Screenshot der Webseite www.heraldik-wappen.de

Lexikon lateinischer Begriffe

BERUFSBEZEICHNUNGEN

LATEINISCH	DEUTSCH
Abiectarius	Schreiner
Advocatus	Sachverwalter, Verteidiger
Agricola	Bauer
Ancilla	Magd
Antistes	Vorsteher der Pfarrgemeinde, Pfarrer
Arcularius	Tischler
Arrendator	Pächter
Baccalaureus	Gelehrter
Barbarius	Bader
Bergarius	Schäfer
Bladarius	Getreidehändler
Bursarius	Beutelmacher
Calcarius	Kalkmacher, Schuster
Campanarius	Glöckner, Küster
Capellanus	Hilfsgeistlicher
Castrator	Viehbeschneider
Cementarius	Maurer
Chymiater	Alchimist
Cingularius	Gürtelmacher
Clusor	Schmied
Coqua	Köchin
Coquus	Koch
Cordarius	Seiler
Curator	Pfleger, Verwalter
Dekan	Vorsteher des Konvents
Discipulus	Schüler, Lehrling
Dulciarius	Zuckerbäcker
Ebursator	Zahlmeister
Ennoyeus	Geißhirt
Episcopus	Bischof
Equester	Berittener, Reiter
Equicius	Pferdehändler
Exclamator	Ausrufer
Faber	Schmied
Faber aratrorum	Pflugschmied
Faber serarius	Schlosser
Famella	Magd
Famulus	Lehrling, Gehilfe
Fartor	Wurstmacher
Feniseca	Schnitter
Fibulator	Spengler
Filicarius	Steinsetzer
Forestarius	Förster
Fornacarius	Ofensetzer
Funarius	Seiler
Funifex	Seiler
Ganea	Dirne
Garcifer	Koch
Gemmarius	Juwelier
Granarius	Amtmann
Herbarius	Kräuterkundiger
Hortulanus	Gärtner
Hospes	Gastwirt
Impressor	Drucker
Incisor	Schneider
Institor	Krämer
Ioculator	Gaukler
Iudex	Richter
Laborator	Arbeiter
Lanifex	Tuchmacher
Lanio	Metzger
Lapicida	Steinmetz
Mibrarius	Buchhändler
Ligator	Böttcher, Fassbinder
Lignarius	Zimmermann
Logographus	Gerichtsschreiber
Lutorissa	Wäscherin
Magister	Lehrer
Magister civium	Bürgermeister
Magus	Magier
Mandrita	Hirte, Mönch
Mansuarius	Kleinbauer
Marcellarius	Fleischer
Marinarius	Schiffer, Matrose
Massarius	Meier
Materialista	Händler
Medicus	Arzt
Mellicida	Imker
Mendica	Bettlerin

Mendicus	Bettler	Reddituarius	Pächter
Mensator	Tischler	Rhedarius	Wagenbauer
Mercator	Kaufmann, Krämer	Ribaldus	Landstreicher
Mercenarius	Tagelöhner	Rotarius	Stellmacher, Wagner
Meretrix	Dirne	Rusticus	Bauer
Metator	Steinsetzer		
Miles	Soldat	Saccelanus	Kaplan
Molendarius	Müller	Sallarius	Salzsieder
Molitor	Müller	Sartor	Schneider
Murarius	Maurer	Sator	Sämann, Bauer
		Scandularius	Schindler, Dachdecker
Nauta	Schiffer	Scoparius	Straßenfeger
Navector	Fährmann	Scriba	Schreiber
Netor	Näher	Scriniarius	Schreiner
Netrix	Näherin	Scultetus	Schultheiß
Notarius	Notar	Senator	Beisitzer, Ratsherr
Nuntius	Bote	Serator	Schlosser
		Speculator	Wächter
Oeconoma	Haushälterin	Sportularius	Korbmacher
Oenopola	Weinschenk	Stabularis	Stallknecht
Operarius	Tagelöhner	Stipus	Bettler
Opifex	Handwerker	Stratarius	Sattler
Opilio	Ziegenhirt	Sutor	Schuster
Ostiarius	Torwächter		
		Tabellarius	Bote
Panifex	Bäcker	Talementarius	Bäcker
Pannarius	Tüchermacher	Tector	Dachdecker
Parochus	Pfarrer	Tignarius	Zimmermann
Pastor ovium	Schafhirt	Tinctor	Färber
Pecuarius	Viehhirt	Tonsor	Chirurg
Pellifex	Kürschner		
Pharmacopola	Apotheker	Uncinarius	Hakenmacher
Picor	Maler	Unguentarius	Salbenhersteller
Piscator	Fischer		
Pistor	Bäcker	Vagabundus	Umherziehender
Plebanus	Geistlicher	Valvarius	Torwächter
Poeta	Dichter	Vectigalium administrator	Steuereintreiber
Poöigraphus	Stadtschreiber	Vector	Fuhrmann
Pomarius	Obsthändler	Venator	Jäger
Portitor	Zöllner	Venditor	Händler
Porcarius	Schweinehirt	Vespillo	Totengräber
Praeceptor	Lehrer, Schulmeister	Veterementarius	Trödler
Praefectus	Vogt, Verwalter	Vicarius	Vikar
Praestes	Vorsteher	Viego	Böttcher
Praetor	Bürgermeister, Vorsteher	Villicus	Verwalter
Praxator	Brauer	Vitriarius	Glaser
Primissarius	Kaplan	Vogtetus	Vogt
Promus	Küchenmeister	Xylocopos	Zimmermann
		Zonarius	Gürtler

Kirchenbuchlatein

ab intestato	ohne Testament
abavunculus	Urgroßvater
abortivum	Frühgeburt
abortus	Fehlgeburt, Totgeburt
acatholicus, -ca	nichtkatholisch
actum	verhandelt
ad acta	zu den Akten
aetatis	im Alter von
alias	auch genannt
altera die	am anderen Tag
amitini	Geschwisterkinder
Anonyma/-us	Totgeburt
anus	Ahne
avia	Großmutter
avunculus	Oheim, Onkel
avus	Großvater
baptizatus/-ta	getauft
beatae memoriae (b.m.)	seligen Angedenkens
circiter	ungefähr
civis	Bürger
coelebs	unverheiratete Person
collateralis	Ehefrau
commater	Patin
commorans	wohnhaft
confirmatus	Firmling
conjuges	Ehegatten
conjux	Ehegatte
conjugalis	ehelich
conjugatus	verheiratet
consoceri	Schwiegereltern
conthoralis	Ehefrau
copulatio	Trauung
curator	Vormund
de dato	ausgefertigt am
declaratio nullitatismatrimonii	Nichtigkeitserklärung einer Ehe
defuncta	die Verstorbene
defunctus	der Verstorbene
denunciatio	Aufgebot
didymi	Zwillinge
dies	Tag
domina	Herrin
dominus	Herr
dos adventitia	das eingebrachte Ehegut der Frau
dos inter nuptias	Mitgift
dotatus	ausgesteuert
ex	aus
exitus	Tod
expositus	Findlingskind
filia	Tochter
filius	Sohn
filia/-lius naturalis	uneheliche Tochter/Sohn
finis	Ende
folio	Blatt
fornicatio	Ehebruch
frater	Bruder
frater consanguineus	Halbbruder
fratria	Schwägerin, Ehefrau des Bruders
gemelli	Zwillinge
geminus	Zwilling
gener	Schwiegersohn
genetor	Vater
genetrix	Mutter
genitus	gezeugt
gens	Geschlecht
gentiles	Verwandte
germa	Schwester
germanus	Bruder
honestus	ehrenwerter
ibidem	daselbst
illegitimus	unehelicher Sohn
illegitima	uneheliche Tochter
in absentia	in Abwesenheit
infans	Kinder
innuptus	ledig
instrumentum	Urkunde
intestatus	ohne Testament verstorben
inventus	Findlingskind
juvenis	ledig
levirus	Schwager, Bruder des Ehemanns

liberi	Kinder	praecox partus	Frühgeburt
loco sigilli (L.S.)	Stelle des Siegels	primogenita	Erstgeborene
		primogenitus	Erstgeborener
majores	Vorfahren	privigna	Stieftochter
manu propria (m.P.)	mit eigener Hand	privignus	Stiefsohn
mater	Mutter	pro tempore	zur Zeit
materna	Patin	proclamati	die Aufgebotenen
matertera	Tante, Schwester der Mutter	proclamation	Aufgebot
		proximo die	am nächsten Tag
matrimonium	Eheschließung	puella	Mädchen
matrima	unmündige Tochter	pipilla	weibl. Waise
matrimus	unmündiger Sohn	pupillus	männl. Waise
matrina	Patin		
matrona	ehrbare Hausfrau	relicta/-tus	Hinterlassene
mensium	Monate alt	renatus	getauft
minima	die Jüngste	repudium	Auflösung
minimus	der Jüngste	requies	Totenruhe
monitiones	Eheaufgebot		
mortuus	gestorben	senex	Greis
muntis/-ta	versehen mit den Sterbesakramenten	sepulcrum	Grab
		socer	Schwiegervater
		socrus	Schwiegermutter
natalis	Geburtsort	solemnitatio	Trauung
nata	geboren (weibl.)	soror	Schwester
natus	geboren (männl.)	sororius	Schwager
necrologium	Totenbuch	sponsalia	Mitgift
nepos	Neffe oder Enkel	sponsa	die Verlobte
neptis	Nichte oder Enkelin	sponsus	der Verlobte
nothus	uneheliches Kind	spuria	uneheliche Tochter
noverca	Stiefmutter	spurius	unehelicher Sohn
novercus	Stiefvater		
nuptiae	Hochzeit	testis	Zeugnis
nutrix	Amme	tumulata/-tus	begraben
		tutor	Vormund
obiit	ist gestorben		
olim	verstorben	ultima/-mus familiae	Letzte der Familie
oriundus	abstammend	uterini	Halbgeschwister mit derselben Mutter
orphanus	Waise		
		uxor	Ehefrau
pagina	Seite	uxorata/-tus	verheiratet
parentes	Eltern		
parochia	Kirchspiel	vadus	Bürge
pater	Vater	vidua	Witwe
paternitas	Vaterschaft	viduus	Witwer
paternus	väterlicherseits	violatio	Entehrung
patrinus	Pate	virgio	unverheiratetes Mädchen, Jungfrau
patruus	Onkel, Bruder des Vaters		
pia	fromm (weibl.)	vitricus	Stiefvater
pius	fromm (männl.)	vopisca/-cus	überlebender Zwilling
posteri	Nachkommen	vulgo	genannt

Register

Abkürzungen 96 f.
Adelskirchenbücher 69
Adelswappen 128, 131
Adressbücher 41, 72
Adressen 87 ff.
Ägypter 24
Ahnenlisten 95, 100 ff.
Ahnenreihe 100 ff.
Ahnentafel 95, 105 ff.
Ahnentafel Musterbogen 108 f.
Altkatholiken 69
Amnestien 75
Amtswappen 133
Anekdoten 39
Archiv 70, 76, 86 ff.
Auswanderungen 85

Bauernwappen 128, 132
Berufsbezeichnungen 143 ff.
Bibliothek 70
Bild 134
Bismarck 55
Blasonierung 130
Böhmische Brüder 68
Briefwappen 128, 131
Bürger 25
Bürgerbücher 73
Bürgerrecht 73

Chroniken 76
Computergenealogie 36

Datensammlung 30
Deutsche Schreibschrift 67
Dorfsippenbücher 75

Ehrenbürger 73
Einwohnermeldeamt 41
Einwohnerverzeichnisse 41
Erbstücke 83

Familienalbum 80
Familienlinie 100 ff.
Familiennamen 17 ff.
Familienstammbuch 29, 37, 39, 44
Familienwappen 125 ff.
Farben 138 f., 140 f.
Figuren 134 f.
Flüchtlinge 85
Fotoalben 39
Fotos 80, 118
Frageblatt 32 ff.
Friedhöfe 81

Geburtsurkunden 37, 44, 45
Gemälde 83
Genealogie 22, 26
Genealogische Zeichen 96
Generationsübersicht 35
Germanen 24
Geschichtsabriss 119 ff.
Glaubensgemeinschaften 68
Graduiertenverzeichnisse 74
Graduierungen 75
Gregorianischer Kalender 51
Griechen 24
Grundbuch 75

Handwerk 25
Hausmarke 81, 133
Heimatsortskarteien 75
Heiratsurkunde 44
Helm 127, 130 ff., 141
Helmdecke 130 ff., 137
Helmformen 137
Helmzier 130 ff., 137
Heraldik 125 ff.
Heraldische Regeln 129
Heraldische Vereine 142
Herkunft 20
Heroldstücke 136

Herrnhuter Brüder 68
Hugenotten 68

Institutionen 86 ff.

Jahresumrechnung 50
Japaner 24
Juden 69
Julianischer Kalender 51

Kalender 51
Kanzleiwappen 131
Katholische Konfession 63
Evangelische Konfession 63
Kekulé von Stradonitz 35, 99
Kennziffern 35, 99 ff.
Kirchenarchiv 70 ff.
Kirchenbuch 41, 54 ff., 81
Kirchenbuchlatein 145
Konfessionskarte 56
Kreuz 135
Krone 130

Lateinische Schrift 66
Leichenpredigten 75
Lokalzeitungen 76

Melderegister 72
Mennoniten 68
Militärkirchenbücher 69
Mittelalter 25
Mormonen 70
Mundarten 98 f.
Mutterlinie 115 f.
Mutterstamm 115 f.

Nachfahrentafel 112 ff.
Name 15 ff.
Napoleon 46 ff.

Orden 82 f.
Organisationen 86 ff.
Orthodoxe Gemeinden 68
Ortsfamilienbücher 75
Ortssippenbücher 75

Personenstammblatt 30 f.
Pfarramt 58 ff.
Promotionsmatrikel 74

Quellen 84

Rathäuser 43
Ratsprotokolle 73
Redende Wappen 133, 135
Reformation 56
Register 48, 54 ff.
Religiöse Wappen 133
Revolutionskalender 50
Ritterorden 126
Rittertum 126
Römer 24
Rüstungen 127

Schild 127, 130, 134 ff.
Schildhalter 130
Siegel 128
Sippenbuch 26, 27
Software 36
Spruchbänder 130
Staatswappen 133
Stammbaum 85 ff.
Stammbuch 29, 37, 39, 44
Stämme 104
Stammlinie 99 ff., 112
Stammliste 95, 113 ff.
Stammtafel 95, 112 ff., 116
Standesamt 41 ff., 52 ff.
Standeserhöhungen 75
Sterbeurkunde 44

Taufregister 59
Toter Punkt 84
Trauregister 55, 60, 61

Universitätskirchen-
   bücher 69

Universitätsmatrikel 74
Urwappen 128
Vereine 86 ff.
Vereinswappen 133
Vertreibungen 85, 122
Verzierungen 130
Vollrüstungen 127
Vollwappen 131
Vorname 15 ff.

Wappen 81, 125 ff.
Wappenbrief 128
Wappenkunde 125 ff., 130
Wappenkunst 130
Wappenrecht 130, 142
Wappensammlung 140
Wappenwesen 125 ff.
Weltkrieg 85
Wiedertäufer 68
Wulst 130

Zeitungen 76
Zivilstandsregister 48

Impressum:

© 2002 SAMMÜLLER KREATIV GMBH

Genehmigte Lizenzausgabe
EDITION XXL GmbH
Fränkisch-Crumbach 2004

ISBN 3-89736-314-3

Text: Anke Fischer
Illustrationen und Fotos:
Christian Ader: 131 (2), 134 l.,135 o., 136, 137 (2), 138 u., 141;
Antiquariat R. Mehrdorf: 12, 14, 16, 17, 18, 19, 23, 37, 40, 42, 43, 46/47, 48/49, 51, 52, 56/57, 68, 69, 70, 74, 77, 78, 79, 81, 82, 85, 94, 98, 99, 110, 126, 127, 132, 133;
Stadtarchiv München: 72, 73;
alle anderen Abbildungen und Fotos: privat
Produktion: REX Produktion, München

Die Ratschläge in diesem Buch sind von der Autorin und dem Verlag sorgfältig erwogen und geprüft. Dennoch kann eine Garantie nicht übernommen werden. Eine Haftung der Autoren bzw. des Verlages und seiner Beauftragten für Personen-, Sach- und Vermögensschäden ist ausgeschlossen.